a rima na escola,
o verso na história

Maíra Soares Ferreira

a rima na escola,
o verso na história

Copyright © Boitempo Editorial, 2012
Copyright © Maíra Soares Ferreira, 2012

Coordenação editorial
Ivana Jinkings

Editora-adjunta
Bibiana Leme

Assistência editorial
Mônica Santos

Preparação
Mariana Tavares

Revisão
Marisa Rosa Teixeira

Capa
Antonio Kehl
sobre Paul Klee, "Mondaufgang (St. Germain)"
[Nascer da lua (St. Germain)], aquarela e lápis
sobre cartão, 1915

Diagramação
Livia Campos

Produção
Ana Lotufo Valverde

CIP-BRASIL. CATALOGAÇÃO-NA-FONTE
SINDICATO NACIONAL DOS EDITORES DE LIVROS, RJ

F442r

Ferreira, Maíra Soares
A rima na escola, o verso na história / Maíra Soares Ferreira. - São Paulo : Boitempo, 2012.

Inclui bibliografia
ISBN 978-85-7559-211-3

1. Educação multicultural. 2. Educação - Aspectos sociais. 3. Pluralismo cultural. I. Título.

12-1089.   CDD: 370.117
                 CDU: 37.014.53

27.02.12 07.03.12   033431

É vedada, nos termos da lei, a reprodução de qualquer
parte deste livro sem a expressa autorização da editora.

Este livro atende às normas do acordo ortográfico
em vigor desde janeiro de 2009 e contou com apoio do
Programa Mais Cultura do Ministério da Cultura (MinC).

1ª edição: abril de 2012

BOITEMPO EDITORIAL
Jinkings Editores Associados Ltda.
Rua Pereira Leite, 373
05442-000 São Paulo SP
Tel./fax: (11) 3875-7250 / 3872-6869
editor@boitempoeditorial.com.br
www.boitempoeditorial.com.br

Sumário

Prefácio,
Mônica Guimarães Teixeira Amaral 11

Introdução 17

1. Processos sociais: entre diásporas e mestiçagens 31
Do aldeamento do Brejo dos Padres
à favela Real Parque 31
O argumento racial na formação do
pensamento social brasileiro 51
Apropriações, recombinações e reinvenções 66

2. Hibridismos poético-musicais e étnico-sociais 77
Uma viagem à poesia popular do
sertão nordestino 77
Hibridismos do cordel:
cordel português e folheto nordestino 126
Hibridismos do repente:
cantoria de viola e coco de embolada 134
Hibridismos "glocais" do hip-hop:
afro-americano e afro-brasileiro 143

3. Copiando e colando na sala de aula.................155
   Culturas juvenis em uma escola pública
      de São Paulo..155
   As experimentações da pesquisa:
      um método em construção........................164
   Criações poéticas e afirmação étnico-social
      entre jovens..170

Considerações finais:
   Travessias periféricas brasileiras.................221

Posfácio,
   Alípio Casali...229

Referências bibliográficas..............................233

Para meus avós, Glorinha e Tibúrcio.

Agradecimentos

Aos alunos e professores da escola, pelo desejo de construir um novo modo de pensar a educação pública brasileira. A todos do sertão nordestino, em especial à família de dona Quitéria Pankararu, aos poetas de São José do Egito (PE), ao grupo Confluência Rap e Repente, a Beth da Mata e à família do professor Marcos Galindo.

Ao meu marido, Alexandre Herbetta, professor, pesquisador e animado companheiro de estrada! A toda a minha família, pelos laços amorosos que construímos com muito compromisso. À tia Helô, árdua leitora deste texto. À minha avó sertaneja e nordestina, Luzia Niobel. À tia-avó Didi, primeira psicóloga da família. À minha irmã Tainá, pesquisadora, clínica e companheira de todas as horas. Ao nosso mais novo "veio irmão" Matheus pela admirável presença. Aos meus pais, Sueli Mara e Ubirajara Ferreira, à madrinha Maria Beatriz Ferreira e à madrasta Raquel Schwab que, como professores, clínicos e pesquisadores apaixonados, muito me incentivam nos ofícios deste projeto de vida.

Aos queridos companheiros de trabalho e pesquisa, aos grandes parceiros da clínica e aos amigos da vida: Angela Ribeiro, Cláudia Murta, Daisy Bracco,

Domenico Hur, Emi Koide, Ivan Nascimento, Jean Claude Elias, Julia Andrade, Luiz Fukushiro, Márcio di Sessa, Mariangela Bracco, Rafael Baioni, Ricardo Carpin, Ricardo Raggi e Silvia Bracco. Obrigada pela verdadeira companhia! A Alípio Casali, pela amizade e erudição poética de seu posfácio. A Moisés Rodrigues, pela espontaneidade e sincera companhia – expressas inclusive na orelha deste livro. A Cleide Monteiro, Flávio Ferraz, Heidi Tabacof, Isabel Vilutis, Maria Beatriz Vannuchi, Mania Deweik, Miriam Chnaiderman, Nelson da Silva Jr. e Paulo Fernando Pereira de Souza, pelos diálogos pontuais e para a vida toda.

Ao analista Alberto Guerreiro: que década! Nasci e tornei-me analista. Aos analisandos, toda minha gratidão, esperança e apreço pela profunda troca.

Por fim, um generoso agradecimento à professora-orientadora, Mônica Guimarães Teixeira Amaral; aos professores das disciplinas, Cristina Wissenbach, Iray Carone e Maria Cecília Cortez, e das bancas de qualificação e defesa, Herom Vargas e Iray Carone; e aos pareceristas da Fundação de Amparo à Pesquisa do Estado de São Paulo (Fapesp). As leituras atentas e sugestões certeiras inspiraram o *des*envolvimento deste texto.

Agradeço também o apoio institucional que sustentou a condição material deste trabalho: a Fapesp (2007-2010), a Faculdade de Educação da Universidade de São Paulo (Feusp, 2007-2010), o Programa Mais Cultura do Ministério da Cultura, pelo Prêmio Patativa do Assaré (MinC, 2010), e à Boitempo Editorial, muito bem representada por meio do trabalho editorial de Bibiana Leme e da preparação de Mariana Tavares.

...Um viva à poética de todos os guetos!

Prefácio

Abril é o mais cruel dos meses,
germina
Lilases para além da terra morta,
mistura
Memória e desejo, aviva
Agônicas raízes com a chuva da
primavera.

T. S. Eliot, "Terra desolada"

O poeta Eliot, referindo-se ao mês de abril – que na Europa sucede a um longo inverno em que nada brota –, toma-o como metáfora de um processo em que a germinação de algo tão belo como os lilases não se faz sem relembrar um passado recém-agonizante, misturando a dor da terra devastada com o que nela pode despertar de vida, em que se mesclam memória e desejo, o passado, o presente e o futuro. Trata-se de um poema escrito em 1922, logo depois do fim da Primeira Guerra Mundial, em que o autor sugere a propósito da civilização ocidental que, embora tenha tido o seu auge, naquele momento apenas emitia os gritos e sussurros de um mundo exaurido de suas riquezas.

Lembrei-me desse poema, conforme acompanhava a narrativa de Maíra Soares Ferreira. Sua inspiração se viu alimentada pela poesia que brotava do povo dos confins do sertão do Pajeú, invariavelmente cada vez mais intensa e prolífera à medida que avançava por entre as comunidades espalhadas pelas terras áridas e quentes de Pernambuco. Segundo ela, a poesia em São José do Egito (PE), por exemplo, parece manter uma relação intrínseca com a seca e a saudade, esta sempre renovada a cada onda de migração para as grandes cidades do Nordeste e Sudeste. Por lá, presenciou desafios de importantes repentistas e festas populares, como a chegança, o pastoril e o reisado. Reavivou, assim, com seu relato e entrevistas, o diário de viagens publicado por Mário de Andrade sob o título *O turista aprendiz*[1], ao qual a autora faz referência, salientando suas preciosas anotações a respeito dos usos e costumes populares, especialmente do Norte e Nordeste do país, e retomando os traços por ele deixados na "memória brasiliana".

A autora encontrou, por fim, a aldeia dos Pankararu, ou, mais especificamente, da família de dona Maria Quitéria, uma das lideranças mais importantes da luta pela preservação e transmissão da cultura de seus antepassados às novas gerações, não apenas na aldeia, mas ainda àqueles que se vão dali para o Sudeste. É esse o caso da comunidade encontrada por nós na favela Real Parque, que se instalou no bairro nos anos 1950 e cujas dificuldades de inserção na única escola pública de ensino fundamental da região tornaram-se fonte de preocupação de

---

[1] São Paulo, Itatiaia, 2002.

nossa equipe de pesquisa[2], da qual Maíra fez parte e onde realizou sua pesquisa de mestrado.

Este livro resultou de sua pesquisa-intervenção em torno da criação poética, desenvolvida em sala de aula com professores e alunos do 8º ano do ensino fundamental. A autora deu ênfase à literatura de cordel, cuja abordagem se fez inspirada na busca das origens, no sentido marioandradiano – como é possível depreender da narrativa de sua viagem etnográfica pelo sertão pernambucano – e também no sentido benjaminiano, que pressupõe algo distante de um projeto restaurativo ingênuo e mais próximo de um salto em direção a um passado não idêntico consigo mesmo. Com isso, abrir-se-ia o campo de visão rumo a um futuro guiado por um novo olhar, em que presente, passado e futuro se alimentam da liberação dos sentidos suprimidos ao longo da extensa e sistemática amnésia sócio-histórica imposta ao povo brasileiro.

Daí a importância desta obra, que não apenas nos oferece um método de trabalho em sala de aula em torno do verso e da poesia popular enraizada na cultura dos alunos – na sua maioria, descendentes afro--indígenas do sertão nordestino –, como nos permite compreender que o sofrimento imposto a uma parcela significativa da população não a impediu de criar cultura como forma de resistência. Os aldeamentos forçados, por exemplo, observados desde o Brasil Colônia e a abolição da escravatura nas mais diversas regiões do país, que obrigavam negros, in-

---

[2] "Culturas juvenis x cultura escolar", projeto de melhoria do ensino público. Fapesp, 2006-2008.

dígenas e homens brancos "livres" pobres a viver juntos e aprisionados como parte da política de miscigenação e apagamento de seus traços étnicos e culturais, tiveram, por outro lado, como parte da resistência a essas mesmas imposições e modalidades de dominação, que pretendiam gerar homens "sem vínculos" e "sem lugar de pertença", a construção das mais diversas formas de hibridismos culturais. Estes são resultantes de combinações, como entre o tradicional repente nordestino e o rap, uma cultura urbana da juventude periférica das metrópoles que se espalhou pelo mundo e, no Brasil, tem buscado novos arranjos com as culturas regionais e locais, constituindo o que Béthune[3], um estudioso do jazz e do rap, chamou de "telescopia histórica" – capaz de aproximar objetos distantes no tempo e na memória coletiva. Inspirando-se em Canevacci[4], a autora explicita ainda por que o hibridismo hip-hopper passou a ser considerado uma manifestação "glocal": por ser "local e global, atual e ancestral".

Acredito, nesse sentido, que a reconstrução de um passado perdido, recalcado ou mesmo negado por aquela comunidade de descendentes afro-indígenas – cuja formação sociocultural foi pesquisada por nós e aprofundada pela autora em seu enraizamento

---

[3] Christian Béthune, *Le rap: une esthétique hors de la loi* (Paris, Autrement, 2003).

[4] Massimo Canevacci, *Sincretismos: uma exploração das hibridações culturais* (São Paulo, Studio Nobel/Instituto Cultural Ítalo-brasileiro/Instituto Italiano di Cultura, 1996), e "Diversidade nômade e a mutação cultural", em Azoilda Loretto da Trindade e Rafael dos Santos, *Multiculturalismo: mil e uma faces da escola* (2. ed., Rio de Janeiro, DP&A, 2000).

nos modos de manifestação da cultura popular afro-
-indígena e sertaneja, rastreando aquele ainda remanescente no Nordeste e o que fora reaquecido pelas formas híbridas de composição poética e musical contemporâneas –, oferece ao leitor e à comunidade pesquisada, em particular, os meios de apropriação subjetiva da cultura, o que, segundo Theodor W. Adorno, é sinônimo de formação cultural (*Bildung*)[5].

E, no entendimento de Maíra, expressa um movimento de "apropriar-se do novo, combinando-o com o velho", como constatou em suas entrevistas com poetas populares, cantadores de viola, repentistas em geral e cordelistas, culminando com o grupo Confluência Rap e Repente, cuja proposta consiste justamente em "reinventar a cultura popular nordestina" à luz das "experiências culturais, juvenis e contemporâneas".

A autora propõe uma aproximação das culturas populares e contemporâneas, ressaltando o potencial crítico e transformador dessa confluência, o que lembra a brecha aberta por Adorno[6]. Este, em sua teorização sobre a nova música, ao sustentar a potencialidade negativa da música atonal, fez exceção à música tonal, referindo-se à música folclórica, de caráter regional, aproximando-a da arte de vanguarda pelo efeito de estranhamento que ela produz. Uma ideia que dá margem a pensar que o repente,

---

[5] Uma importante discussão a esse respeito foi feita por Wolfgang Leo Maar no artigo "Adorno, semiformação e educação", em *Educação e sociedade: revista de ciência da educação*, v. 24, n. 83, ago. 2003, p. 459-75.

[6] *Filosofia da nova música* (São Paulo, Perspectiva, 1974).

o coco de embolada e outras manifestações afro--brasileiras com as quais o rap tem se hibridado podem ainda conter essa potência crítica no interior de uma sociedade em que prevalece o "efeito escarninho" (massificador) da indústria cultural. Todas manifestações que, embora marcadas pela tradição oral, reservam à escrita e ao registro de suas músicas, letras e poesias um papel fundamental na conservação e preservação da história e culturas populares brasileiras. Uma conservação que não se faz apartada da crítica social, que, reunida aos tambores e ritmos sincopados, desafios e danças em roda, reaviva o passado que não foi nem pode ser esquecido, uma vez que sua rememoração significa resistência – característica potencializada pelo papel "crítico-destrutivo" e "afirmativo" do rap, como tenho sustentado em meus estudos e reflexões mais recentes.

Este livro tem, portanto, a virtude de demonstrar a importância de revisitar as origens, o passado esquecido, e, como em um jogo lúdico entremeado por lembranças e esquecimentos, tão presente nas culturas orais, aponta-nos a estratégia fundamental de "formação", no sentido amplo do termo, que envolve, como sustenta a autora, um meio de afirmação étnico-social sem o qual dificilmente se obterá a adesão dos alunos das camadas populares – alunos esses que clamam por renovação no interior das instituições públicas de ensino.

Mônica Guimarães Teixeira Amaral

Introdução

Com este livro, pretendo compartilhar as ideias desenvolvidas em uma pesquisa de mestrado[1] que fez parte do projeto Culturas Juvenis x Cultura Escolar, cujo objetivo era buscar nas manifestações culturais juvenis – na maioria das vezes, marginalizadas da cultura escolar – elementos para (re)pensar alguns pontos nevrálgicos da escola pública atual. Assim, o tema deste estudo-intervenção, em específico, é a criação poética e a afirmação étnico-social entre jovens alunos de uma escola municipal de ensino fundamental de São Paulo.

Nessa escola – a única pública para atender a comunidade da favela Real Parque, em São Paulo – havia, em média, 250 alunos com aulas vagas por dia. Diante desse descaso, uma classe de 8º ano, com jovens entre 13 e 14 anos, chamou minha atenção. Eles cantavam rap[2], improvisavam rimas e, prin-

---

[1] Defendido na Faculdade de Educação da USP, em 2010.

[2] O rap é um dos quatro elementos da cultura hip-hop. Nasceu nos guetos nova-iorquinos e tem sua história hibridada

cipalmente, expressavam a dor do preconceito, da humilhação e da discriminação fortemente vividos por eles dentro e fora da escola. Por meio de suas poesias cantadas, desenhos, rimas, cantos, falas, denúncias, gestos, mímicas e danças, os jovens criavam verdadeiras crônicas da realidade brasileira. Apresentavam um grande interesse pelas rimas do grupo de rap Racionais MCs, que denuncia, de modo contundente, as experiências da discriminação e do preconceito étnico-social[3].

---

com os estilos rítmicos e triturações sonoras de outras culturas, como a afro-jamaicana.

[3] Preconceito é o conjunto de justificativas construídas internamente – como opiniões, crenças e atitudes negativas implícitas – em relação aos grupos etnicamente discriminados pela sociedade (Iray Carone, "Breve histórico de uma pesquisa psicossocial sobre a questão racial brasileira", em Iray Carone e Maria Aparecida da Silva Bento (orgs.), *Psicologia social do racismo: estudos sobre branquitude e branqueamento no Brasil*, Petrópolis, Vozes, 2002). Já a discriminação pressupõe tratamentos negativamente diferenciados a determinados grupos e indivíduos sobre os quais recai o preconceito social e étnico (Rita Laura Segato, "Racismo, discriminación y acciones afirmativas: herramientas conceptuales", *Revista Série Antropologia*, Brasília, n. 404, 2006, disponível em <www.unb.br/ics/dan>). Ou seja, discriminação é a ação explícita de distinguir e restringir o pleno acesso e o usufruto de recursos, serviços e direitos sociais a determinados grupos, por causa de sua aparência e descendência étnico-social. Assim, se a discriminação é do campo político-jurídico e pode ser resolvida por meio de intervenções como o projeto de cotas étnico-sociais, o preconceito, por ser de foro íntimo (convicções pessoais do sujeito), requer o esforço conjunto da psicologia e da educação.

Nesse ínterim, ao entrar em contato com um levantamento quantitativo realizado pela organização não governamental (ONG) Casulo – localizada no interior da favela Real Parque desde 2003 –, obtive a informação de que grande parte da comunidade é proveniente do sertão de Pernambuco. Entre esses sertanejos pernambucanos, há uma significativa parcela afro-brasileira e indígena Pankararu que, em diferentes momentos do período entre 1950 e 1970, foi trazida para São Paulo para a construção do estádio de futebol Cícero Pompeu de Toledo (o Morumbi). Tais trabalhadores instalaram-se nos arredores da obra com suas moradias de papelão e madeira, dando início à construção do que hoje se denomina favela Real Parque.

Assim, a paixão pela poesia de improviso e pelo canto falado dos jovens, que se expressam por meio de suas apreciações musicais e manifestações culturais e corporais, levou-me à seguinte pergunta: quais as possíveis relações entre essa manifestação espontânea dos jovens no campo da música e da poesia e a transmissão ancestral afro-brasileira e indígena daquela comunidade? Conforme Luiz Eduardo Soares,

> talvez, a linguagem do rap, essencialmente não musical e com seu perturbador estrangeirismo, soasse rascante, estranha e ainda fizesse ecoar a tradição nordestina do repente.[4]

Nessa direção, seria possível pensar que as performances dos alunos – com gestos, rimas e músicas – poderiam permitir o

---

[4] Luiz Eduardo Soares, *Cabeça de porco* (São Paulo, Objetiva, 2005), p. 84.

reencontro de insígnias do ancestral e a sua reencarnação no lugar do eu, graças a recursos possibilitados por uma gramática cultural brasileira, tributária de tradições indígenas e africanas que se preservam como marcas de origem para larga parcela dos adolescentes nacionais?[5]

Observei que, embora os jovens alunos demonstrassem conhecer a história desse passado recente, tal ciência, por si só, não lhes permitia o reconhecimento dos vínculos de sua comunidade com esse passado. Exemplo disso é que, apesar de haver, no interior da favela Real Parque, duas associações conduzidas pelos indígenas do local – Ação Pankararu e SOS Pankararu – que promovem diversas ações na comunidade, como festas, rituais e reivindicações políticas, os jovens, em um primeiro momento, revelaram forte tendência a negar[6] tudo o que se refere às culturas afro-brasileiras, nordestinas e indígenas Pankararu. No entanto, ao mesmo tempo que diziam "não conhecer nada dessas culturas", suas manifestações culturais revelavam relativa intimidade com esse passado negado. Alguns jovens chegaram a afirmar que "não eram indígenas, mas seus pais eram Pankararu". Outros contaram que às

---

[5] José Francisco Miguel Henriques Bairrão, *Adolescência em transe: afirmação étnica e formas sociais de cognição* (I Simpósio Internacional do Adolescente, Faculdade de Educação da USP, 2005), p. 7.

[6] Processo pelo qual o sujeito, embora formule um dos seus desejos, pensamentos ou sentimentos até então recalcado, continua a defender-se dele, negando que lhe pertença (Jean Laplanche e Jean-Bertrand Pontalis, *Vocabulário de psicanálise*, São Paulo, Martins Fontes, 2000).

vezes conversavam com seus familiares de Pernambuco por meio de redes sociais como o Orkut e programas de mensagens instantâneas como o MSN.

Para ter dimensão da abrangência desse fenômeno de negação – que parece mais uma forma de amnésia social –, na data em que se comemora, oficialmente, o Dia do Índio no Brasil, observei que havia por toda a escola cartazes mencionando diferentes etnias indígenas brasileiras, com exceção, entre outras, da comunidade Pankararu. A recusa[7], por parte da cultura escolar, em entrar em contato com a realidade específica local, ou ao menos tomá-la em consideração, e a negação dos jovens diante de seus laços de pertencimento étnico-social e cultural passaram a nortear as perguntas da pesquisa.

A partir do interesse poético e musical dos alunos em torno do rap e da denúncia do preconceito e da discriminação étnico-social a que eram submetidos, centrei-me nos aspectos históricos da comunidade e das culturas populares tradicionais – como o cordel e o repente – a fim de, por meio do diálogo com os jovens, amantes da rima, aprofundar o estudo da realidade específica local.

Entendo que o fato de a cultura popular tradicional, assim como a experiência social – seja dos indígenas, seja dos afro-brasileiros, seja dos nordestinos –, encontrar-se marginalizada e excluída da ordem hegemônica da cultura escolar explica, ao

---

[7] Estou considerando o processo de recusa como um sinal, entre outros, de uma constante preocupação em descrever um mecanismo originário de defesa perante a realidade exterior (Jean Laplanche e Jean-Bertrand Pontalis, *Vocabulário de psicanálise*, cit.).

menos em parte, o porquê da negação de suas origens pelos jovens. Dessa forma, o estudo da história e cultura da comunidade em questão tornou-se fundamental para repensar o abismo entre a cultura escolar e as culturas juvenis. Também não se pode esquecer que a adolescência, por si só, carrega conflitos intergeracionais, fazendo-se necessário, portanto, pensar o processo de circulação social de significantes do adolescer dentro de um contexto específico: a exclusão étnico- -social brasileira[8]. Nesse sentido, é preciso considerar as vivências contemporâneas da adolescência tanto como forma de contestação quanto como meio de autoafirmação e de reconhecimento quando se trata de setores cultural e etnicamente discriminados. Em suma, no contato com os jovens e com seu sofrimento psíquico, percebi que os motivos para o não (re)conhecimento, o esquecimento e/ou o não querer falar sobre esses laços sociais eram complexos e com muitas variantes, daí a opção por um duplo olhar: o registro etnográfico da produção poético-musical do

---

[8] "Adolescer implica o sacrifício de ascendentes, ou, mais precisamente, de signos, valores, sintaxes e estilos que lhes sejam associados, de maneira tal que possam ser apropriados, remodelados e transformados em traços de identificação e marcas de pertencimento. É um processo descontínuo e conflituoso que implica a assunção do lugar de outrem, sem se confundir nem se distinguir a ponto de ser impossível lá se reconhecer. É uma equação traumática entre afiliar-se e preparar-se para substituir a quem se ama e de quem se depende para poder aceder a uma identidade pessoal e social" (José Francisco Miguel Henriques Bairrão, *Adolescência em transe*, cit., p. 2).

sertão nordestino e o recorte teórico da psicanálise, que aponta para a importância da ressignificação da própria história como condição da subjetivação[9].

Inspirada nas ideias de Marcelo Viñar[10], afirmo que as perguntas sobre quem sou eu e quem somos nós são universais e essenciais para a constituição do sujeito. Conhecer a própria origem é primordial para a constituição da subjetividade. Dessa forma, entendo que, se o nome carrega definições de quem somos e contém muitos sentidos implícitos, é de chamar a atenção quando alguém se identifica por meio de uma condição, e não de seu próprio nome, como "sou favelado". Assim, diante de alguns questionamentos por parte dos alunos, tais como "O que vocês estão fazendo aqui?", referindo-se aos encontros das intervenções em sala de aula[11], e "Serei

---

[9] Importante salientar ainda que esta pesquisa não partiu de estudos quantitativos para averiguar a exata quantidade de alunos oriundos do referido processo migratório. Parti da pesquisa citada fornecida pela ONG Casulo, aprofundei-me nos estudos históricos, geográficos e antropológicos, realizei entrevistas, apliquei questionários e organizei uma viagem etnográfica à região nordestina. É importante salientar que, prioritariamente, tomei como fator relevante o depoimento e a autoidentificação dos próprios alunos, que, no decorrer do trabalho em sala de aula, foram (re)assumindo suas identidades étnico-sociais.

[10] Marcelo Viñar, Mundos adolescentes y vértigo civilizatorio (Montevidéu, Trilce, 2009).

[11] Chamo de intervenções em sala de aula os momentos em que ocupei as aulas vagas, possibilitando a construção coletiva com os alunos e demais professores de um espaço que permitisse a todos falar, ouvir e ser ouvidos, elaborar as frustrações do abandono por parte do Estado e denunciar,

aviãozinho*!", dito por um aluno que entendeu que minha presença era motivada pelo desejo de "ajudá-lo a ser alguém na vida" e, de maneira desafiadora, posicionou-se no sentido de dizer "não serei ninguém" – o que também pode ser interpretado como "se cabe apenas a mim construir um projeto de vida, sem nenhum tipo de suporte, então me rebelarei" –, ponderei que faltava àquela escola algo essencial, a saber, o (re)conhecimento histórico e cultural daquela comunidade, experiência fundante e propiciadora da singularização do sujeito. Sabe-se que, por si sós, as perguntas sobre quem sou e quem somos não levam a uma resposta propriamente dita, mas desencadeiam uma peripécia que é intrínseca e essencial à condição humana. É uma questão que abre interrogações sobre o destino, o sagrado, os ideais, os ódios etc.

E quando a pergunta não pode ser formulada? Quando ela é silenciada e apagada? Nessa direção, se o primeiro movimento da pesquisa-intervenção foi apontar para os riscos de anulação da pergunta, o segundo foi propiciar, aos alunos e professores em sala de aula, o surgimento da questão, enquan-

---

expressar, desenhar, rimar, cantar e gritar as experiências de discriminação e preconceito. Meu papel foi de ajudar a nomear a discriminação, a dor, o abandono etc. como tais, segundo o que era dito por adolescentes de 13 e 14 anos – momento psíquico/subjetivo de difícil passagem – que, muitas vezes, davam-se conta do que estavam verbalizando apenas depois da minha intervenção, ou seja, do meu apontamento e da minha ajuda na nomeação de suas experiências cotidianas e intrapsíquicas.

* Termo pelo qual são conhecidos aqueles que ocupam a função de transportar drogas para o tráfico. (N. E.)

to o terceiro foi construir um espaço que sustentasse a rememoração, ou seja, a possibilidade de a história da comunidade encontrar expressão no ambiente escolar.

Concomitante a esse trabalho na escola, no cenário nacional tinha-se a elaboração da Lei 10.639/03, que estabelece a obrigatoriedade do ensino de história da África, e seu complemento, Lei 11.465/08, que insere a obrigatoriedade do ensino da cultura e história indígena e afro-brasileira. Apropriei-me dessa última lei, desdobrando-a em um estudo que teve como ponto de partida a história cultural e étnico-social da comunidade atendida pela escola em questão. Realizei duas formas distintas de pesquisa sobre a história nordestina dessa comunidade específica: a leitura de etnografias realizadas por diferentes antropólogos e minha viagem à atual aldeia Pankararu e à poesia popular do sertão nordestino.

Com base na ideia de conhecer a região para melhor compreender os efeitos da migração, busquei estabelecer um contato com a história e a cultura indígena e sertaneja nordestina para que, ao voltar para a sala de aula em São Paulo, pudesse estabeler um diálogo vivo e apropriado com os jovens alunos – amantes da rima, do improviso e da poesia. Porém, tal viagem surpreendeu-me imensamente. O encontro com o universo poético do sertão nordestino, em especial da literatura de cordel, da cantoria de viola e do coco de embolada, apresentou-me outra face da diáspora afro-brasileira e dos aldeamentos indígenas forçados.

Estudando as manifestações culturais do cordel e dos repentes, identifiquei outras facetas do sofrimento oriundo do passado escravocrata brasileiro.

Muitas apropriações e recombinações culturais revelam a contínua marcha da criatividade do sujeito – condição essencial para uma vida em transformação. Em outras palavras, foi ficando claro que aqueles jovens afro-indígenas paulistanos são herdeiros de um processo sociocultural nordestino que envolve desde a violência e a segregação das diásporas até a criação poética e musical presentes tanto nas histórias de improviso do sertão quanto nas expressões juvenis e urbanas da sala de aula da metrópole paulistana.

A hifenização do nome – afro-indígena – mantém a referência à "mistura" de culturas, dando atenção, em proporções equivalentes, a todos os componentes étnico-culturais. Essa proposta não apenas reconhece a importância da mestiçagem étnica e cultural fortemente presente na realidade sertaneja nordestina, como também apresenta uma mudança de paradigma. Em vez de a mestiçagem servir para apagar a história da opressão e da resistência, por meio dela pode-se

> apreender a diversidade das culturas e dos povos – luso, indígenas, africanos, americanos e brasileiros – reconhecida pelas identidades hifenizadas que passaram a povoar o Novo Mundo.[12]

Com isso, no caso dos jovens alunos do Real Parque, muito diferente de serem favelados, parecia haver a possibilidade de eles (re)criarem para si diferentes

---

[12] Anthony John R. Rusell-Wood, "Através de um prisma africano: uma nova abordagem ao estudo da diáspora africana no Brasil colonial", *Tempo*, Rio de Janeiro, n. 12, dez. 2001, p. 42.

identidades hifenizadas, como sertanejo-paulistanos, afro-paulistanos, afro-indígenas etc.

De posse de vídeos, folhetos, entrevistas, livros e histórias colhidos na pesquisa etnográfica feita no sertão de Pernambuco, entrei na sala de aula com uma audição ainda mais atenta às produções poéticas e musicais dos jovens alunos. Entendi que era necessário alcançar novos significados no imaginário social daqueles alunos e professores a respeito da escuta das vozes daqueles jovens excluídos e do olhar sobre suas expressões confusas e, aparentemente, desarticuladas. Era preciso interpretar, nomear e devolver a eles, na forma de questões, os sinais subjetivos de negação do passado que mascaravam a problemática social e política envolvida na história daquela comunidade. Assim, foi pelo viés do hibridismo cultural e da criatividade – a outra face da diáspora – que considerei as incidências do preconceito e da discriminação fortemente denunciadas pelos alunos.

Portanto, a partir do contato com a espontaneidade poética dos alunos, presente em suas elaborações musicais no estilo rítmico e afirmativo do rap, o estudo pretendeu introduzir um diálogo com a história do passado recente da comunidade por meio de atividades que envolvessem as manifestações poéticas da literatura de cordel e dos repentes – cantoria de viola e coco de embolada –, tão vivas nas regiões do sertão nordestino. A hipótese da pesquisa era de que o jovem, pelo contato com as culturas de seus antepassados, poderia apropriar-se de seu passado e, com isso, ter mais condições para (re)contar e (re)criar sua história sem se render ao preconceito a que se encontra submetido. Do ponto de vista metodológico, o conhecimento do passado deve estar vinculado aos problemas do presente. Do ponto de vista político, sendo o passado um obstáculo, a liquidação das raízes é um imperativo do desenvolvimento histórico[13].

Elaborar (perlaborar) esse passado brasileiro escravocrata não é tarefa simples. No entanto, a produção poética e musical dos cordelistas, repentistas e hip-hoppers estudados parece vislumbrar deslocamentos capazes de propiciar a esses sujeitos novos lugares psíquicos e sociais, subjetivos e objetivos. Assim, a partir das intervenções em classe com os jovens[14], apostei na possibilidade de recriação de si mesmos por meio da poesia, permitindo a elaboração psíquica

---

[13] Antonio Candido, "Prefácio à edição de 1967", em Sérgio Buarque de Holanda, *Raízes do Brasil* (São Paulo, Companhia das Letras, 1995).

[14] Tomando como referência os estudos de Mônica Amaral, "A atualidade da noção de 'regime de atentado' para uma compreensão do funcionamento-limite na adolescência", em Leda Maria Codeço Barone, *A psicanálise e a clínica extensa: III Encontro Psicanalítico da Teoria dos Campos por Escrito* (São Paulo, Casa do Psicólogo, 2005), e de Philippe Jeammet e Maurice Corcos, *Novas problemáticas da adolescência: evolução e manejo da dependência* (São Paulo, Casa do Psicólogo, 2005), entendo que ser jovem sempre representou o desafio de resolver um paradoxo: afirmar seu lugar no mundo adulto de modo que essa afirmação não seja percebida pelos adultos como obediência, pois a obediência é típica da dependência infantil. De outro modo, entendo o paradoxo da adolescência como um desafio entre a imitação e a negação do adulto – a imitação para aprender a ser um e a negação representando o esforço de ser si mesmo.

necessária nesse delicado momento da adolescência e propiciando as experiências de pertencimento social e afirmação étnica. Foi esse o caminho encontrado para colocá-los em contato com o preconceito e a discriminação de um modo lúdico e criativo. Para isso, a construção do método centrou-se na criação poética do aluno. É importante ressaltar que a métrica exercitada com os jovens – inspirada na tradição oral dos folhetos de cordel – pautava-se pela regularidade das rimas, fundamental para a preservação das culturas orais. Essa regularidade consistia nas repetições de métricas fixas, que oferecem marcas e pistas sobre o caminho que a composição seguirá tanto para quem inicia (oferecendo o mote) quanto para quem ouve. No trabalho de criação poética em sala de aula, a leitura dos primeiros versos de uma estrofe de cordel, com o ritmo regular de sua métrica, permitiu que os alunos respondessem, recriando a rima final sem nenhuma consulta prévia. Faziam-no por (re)conhecerem as regras da métrica, rima e oração, e por se verem motivados a recriar as árduas histórias de seus antepassados, assim como os desafios vividos por eles no presente.

1.
Processos sociais: entre diásporas e mestiçagens

Do aldeamento do Brejo dos Padres à favela Real Parque

O processo migratório da população envolvida neste estudo compreende os árduos e importantes movimentos de territorialização, desterritorialização e reterritorialização[1] que acompanham o percurso da comunidade desde os aldeamentos forçados do Brejo dos Padres, no sertão de Pernambuco, no início do século XIX, até as favelizações dos séculos XX e XXI, como é o caso do Real Parque, em São Paulo.

O aldeamento do Brejo dos Padres foi criado no início do século XIX, provavelmente em 1802, ao norte do rio São Francisco. Localizou-se na comarca de Tacaratu (PE), a 120 léguas de Recife, com uma população de 290 pessoas distribuídas em 98 famílias que partilhavam uma área de duas léguas em

---

[1] Conceito de Milton Santos (*Por uma outra globalização: do pensamento único à consciência universal*, Rio de Janeiro, Record, 2003) que expressa a contínua ruptura e mudança de lugar, a necessidade de constantes desenraizamentos e perda de vínculos.

quadro*, com donos de moendas de cana. Dois séculos depois, sua população é de 6 mil índios Pankararu. Destes, por volta de 5 mil vivem no território do antigo aldeamento do Brejo dos Padres e mil distribuem-se em diferentes favelas de São Paulo e Minas Gerais. Grande parte é residente da favela Real Parque, localizada no interior do luxuoso bairro do Morumbi, na zona sul de São Paulo.

Os aldeamentos forçados podem ser compreendidos com base no processo de colonização do interior do sertão nordestino, que se utilizou de diferentes estratégias de conquista, como a guerra, a conversão e a mistura[2]. A política da mistura ocorreu por todo o Brasil durante o século XIX e, mais especificamente, no período abolicionista e pós-abolicionista.

O Brejo dos Padres se caracterizou como um aldeamento resultante da inserção forçada nas terras indígenas, lá existentes, de diferentes grupos étnico-sociais. Em um primeiro momento, o ajuntamento foi entre os povos indígenas Pancaru e Porus. Posteriormente, envolveu outros grupos identificados como Umã, Vouve, Geritacó, Tatuxi de Fulô e Cacalancó, que também foram alocados ali. Em fins da década de 1870, os afro-brasileiros alforriados, que ameaçavam se espalhar pelo país, foram forço-

---

* Medida de superfície utilizada durante o período colonial; equivalente a 6.600 m. (N. E.)

[2] A ideia de mistura esteve presente na discussão da elite política e intelectual brasileira desde o Império, assumindo sentidos ambíguos e contraditórios ao longo do tempo. Mais adiante, discorrerei, embora brevemente, sobre o ideário social presente nas políticas de mestiçagem, branqueamento e branquitude.

samente reunidos aos indígenas nesse aldeamento. De acordo com a lista das emancipações financiadas pelo governo imperial em Tacaratu, foram 1.406 emancipações no ano de 1877. Há ainda relatos de que houve também a inserção, nesse aldeamento, de homens livres e locais conhecidos como protegidos por fazendeiros da região[3].

Os aldeamentos forçados, verificados em todo o país, transformaram-se em verdadeiros territórios de reunião, tensão e recombinação cultural, compartilhados por diferentes grupos étnico-sociais. Esse processo político ocorreu em meio às transformações do cenário econômico pós-colonial com o fim da Monarquia, os impasses da República Velha e as novas intenções de um projeto de modernidade brasileira.

A Lei de Terras de 1850 dá início a uma série de alterações na organização do campo em Pernambuco. Os trabalhos de discriminação das terras públicas são acompanhados das políticas simultâneas de libertação dos escravos através do fundo de emancipação do Império, da tentativa de implantação da imigração norte-americana e das remodelações de um determinado padrão de controle da mão de obra rural pobre, realizado na forma de diferentes tipos de colônias que então são criadas, extintas, transformadas e agrupadas, numa intensa busca da medida exata entre a tutela daquela população, que a ordem demandava, e a liberação de homens e terras que o progresso pedia. Por isso, a ex-

---

[3] José Maurício Andion Arruti, *Morte e vida do Nordeste indígena: a emergência étnica como fenômeno histórico regional*, 1995, disponível em <www.cpdoc.fgv.br/revista/arq/165.pdf>. Acesso em 10/06/2007.

tinção dos aldeamentos indígenas no Nordeste, e especificamente em Pernambuco, não pode ser pensada apenas como desenvolvimento de uma série de ações que poderei ordenar cronologicamente sob a ideia de uma política indigenista com lógica própria, mas, antes, ela deve ser compreendida dentro desse quadro de alterações que compõem a reordenação dos padrões de intervenção e controle sobre a população rural pobre nordestina num momento de transição das relações de trabalho para o capitalismo.[4]

Nesse sentido, o contexto histórico dessas misturas foi marcado pela transição que o Estado brasileiro operava entre o trabalho escravo e as novas formas de trabalho juridicamente livres. Era preciso atrair, pacificar e misturar aquelas populações de modo que afro-brasileiros, homens "livres", pobres e indígenas "perdessem" seus traços étnicos e culturais, garantindo a reserva de mão de obra necessária para a construção do capitalismo brasileiro. Com esses objetivos, não apenas recrutaram trabalhadores para o Estado como, do ponto de vista oficial, passaram a sustentar que na região não havia vestígios de indígenas e ex-escravos afro-brasileiros, já que estes se encontravam integrados à massa da população[5].

---

[4] Ibidem, p. 16.

[5] Daí as atuais reivindicações indígena e quilombola do sertão nordestino de reconhecimento identitário e do direito à terra, que todavia não foram completamente atendidas. Conforme Alexandre Ferraz Herbetta ("A idioma" dos índios Kalankó: por uma etnografia da música no alto sertão alagoano, Dissertação de Mestrado em Antropologia Social, Universidade Federal de Santa Catarina, 2006; e *Peles braiadas: modos de ser Kalankó*, Tese de Doutorado em

Assim, as formações dos aldeamentos e seus subsequentes desaparecimentos ocorreram com a intenção de aglomerar o maior número de populações étnicas e miscigenadas. Com os recrutamentos, as fugas e os deslocamentos populacionais, os ajuntamentos pouco numerosos eram extintos e sua população realocada para outros aldeamentos mais numerosos, aumentando, assim, a liberação de terras. Por todo o século XIX, essa população viveu intensos momentos de extinção, desterritorialização, reterritorialização e arbitrariedades dos fazendeiros locais. Posteriormente, já no século XX, no que diz respeito à repartição da terra do aldeamento em lotes particulares, esta não foi percebida pelo grupo da mesma forma como consta nos termos jurídicos dos relatórios dos presidentes de província. Para a população local, o movimento não significou a extinção do aldeamento do Brejo dos Padres e a formalização de uma aldeia indígena, mas sim mais uma violenta expulsão de parte das famílias, seguida da imposição de novos e desconfortáveis vizinhos.

Em 1942, o agrônomo responsável pela demarcação da área indígena não respeita os limites da légua em quadro reivindicada pelo grupo com base na memória

---

Ciências Sociais, Pontifícia Universidade Católica de São Paulo, 2011), diante do Estado brasileiro, o que os identifica como indígenas é, principalmente, a prática do toré – um ritual baseado em música e dança que os vincula ao universo do Encantado, à ancestralidade. Os Encantados são entes ligados aos antepassados que ainda em vida se transformaram em energia e podem atuar na comunidade, solucionando alguns impasses.

de uma antiga doação imperial e reduz a área ao norte, poupando terras de fazendeiros. Ao sul, a demarcação segue normalmente e alcança as terras de pequenos posseiros que, inconformados com o fato de com isso serem transformados em arrendatários do posto indígena, dão início a um conflito local e judicial que se estende desde esses primeiros anos da década de 40 até a década de 90.[6]

Com isso, alguns rendeiros inadimplentes foram invadindo as terras do aldeamento com suas plantações de cana, fomentando um conflito que permanece até os dias de hoje. A aldeia, que, para as famílias, nunca deixou de existir, tampouco recebeu um reconhecimento oficial, passou a conviver de maneira ainda mais intensa com as diferenças e os conflitos. Uma parte das famílias expulsas fugiu para as serras que envolvem a região do Brejo dos Padres, enquanto outra correu para áreas mais distantes, como foi o caso dos atuais moradores de São Paulo. Como consequência, apesar das transformações decorrentes da fragmentação e dispersão das famílias, a vida ritual da aldeia foi mantida e reforçada. As festas deixaram de se realizar nos grandes terreiros de antes, mas continuaram, ainda que com um formato mais discreto, nos terreiros menores que correspondiam praticamente a cada uma das unidades familiares dispersadas.

A permanência dos rituais no território do Brejo consagrou-o como o tronco velho de todas as demais ramificações – as aldeias pontas de rama – espalha-

---

[6] José Maurício Andion Arruti, *Morte e vida do Nordeste indígena*, cit., p. 26.

das pelos estados de Pernambuco, Bahia, Alagoas, São Paulo e Minas Gerais. Essa aldeia viabilizou o contato não apenas com os antepassados, mas também com todo o grupo desterritorializado e reterritorializado nas favelas metropolitanas e seis aldeias pontas de rama[7]. Quase sessenta anos após a extinção oficial do aldeamento do Brejo dos Padres, a aldeia tronco velho se organizou para a luta pelo reconhecimento territorial e étnico do grupo. Ainda que não totalmente legitimada, a aldeia conquistou seu posto indígena Pankararu e as vilas familiares indígenas se territorializaram na serra da Borborema, divisa com os municípios de Tacaratu, Jatobá e Petrolândia.

A designação da aldeia tronco velho como Pankararu resultou dessa conquista. Os mais velhos da aldeia Pankararu explicam que o nome completo dessa comunidade heterogênea é Pancaru Geritacó Cacalancó Umã Tatuxi de Fulô. Guardar na memória essa extensa nomenclatura preserva as diferenças entre as principais etnias que vieram a formar historicamente o grupo.

Guardar esses sobrenomes significou poder constituir uma unidade política e social – a cristalização étnica – sem precisar apagar os germes da diferença. Os Pankararu guardam no próprio nome a memória do quanto são outros, de modo que, sem negar a construção de

---

[7] Do aldeamento ocorrido em Brejo dos Padres migraram famílias que deram origem às seguintes comunidades: Pankararé (Paulo Afonso, PE), Kalankó (Água Branca, AL), Koyupanká (Inhape, AL) e Geripankó, Katoquin e Karuazu (todas em Pariconha, AL).

uma unidade, fosse possível conceber sua desconstrução na forma de novas dispersões.[8]

O intenso fluxo migratório deste e de inúmeros outros grupos populacionais de todo o país para o Sudeste brasileiro deve-se ao fato de a região paulista ter se tornado um polo da industrialização e modernização nacional no decorrer do século XX. A ampliação das relações capitalistas no campo, a mecanização da agricultura e a grande especulação imobiliária foram fenômenos que produziram a exclusão dos benefícios da modernização para muitos trabalhadores rurais. Ao mesmo tempo, a cidade – em especial, a grande cidade –, se vista sob a ótica do trabalho assalariado, apresentava-se como uma extraordinária fonte de empregos. Daí a constatação da época: o campo expulsava e a cidade atraía, sobretudo as metrópoles da região Sudeste[9].

É sabido que o Nordeste foi um lugar de partida de grandes movimentos migratórios, compreendendo desde os que foram forçados a isso até os considerados voluntários, ou seja, aqueles movidos pelo

---

[8] José Maurício Andion Arruti, *Morte e vida do Nordeste indígena*, cit., p. 37.

[9] Nas últimas décadas, reduziu-se a migração à região Sudeste do país. Isso se deve à tentativa do governo de expandir as empresas pelo país (Francisco Capuano Scarlato, "População e urbanização brasileira", em Jurandyr Luciano Sanches Ross, *Geografia do Brasil*, São Paulo, Edusp, 2005b). No entanto, essa redistribuição está longe de resolver o problema da centralização que fomentou os grandes movimentos migratórios. Também é preciso esclarecer que há dois movimentos em questão: do campo para a cidade e do Nordeste para o Sudeste.

desejo de melhoria de vida ou de ascensão social. Contudo, apesar de essas migrações já se encontrarem associadas à problemática da desigualdade na distribuição de renda do país, o que se observa é que o modelo de desenvolvimento nacional, ao contrário de atenuar, acirrou os processos de desterritorialização e apartação social da vida da maioria dessas populações. Manteve-se uma política de concentração de capital com base nos benefícios para uns e na exploração do trabalho de muitos.

Estudando as transformações socioespaciais ocorridas no Brasil com o processo de urbanização verificado no interior da antiga divisão internacional do trabalho e em curso até o grande surto da industrialização brasileira dos anos 50, constatei a existência de formas diferenciadas de integração entre as cidades. No Sudeste, em decorrência das vantagens obtidas com a economia do café junto ao mercado mundial, bem como do consequente alargamento do seu mercado interno, verificou-se uma crescente integração das cidades. Essa integração pode ser avaliada pela força como veio se estruturando a rede urbana paulista, ou seja, por uma economia de troca onde as cidades foram se especializando em diferentes produções, gerando uma complementaridade de produtos e serviços entre elas.[10]

O processo de metropolização é uma forma de urbanização que se dá por meio de sucessivos processos de desenvolvimento econômico, promovendo uma unidade entre cidade e região com áreas conurbadas

---

[10] Francisco Capuano Scarlato, "O espaço industrial brasileiro", em Jurandyr Luciano Sanches Ross, *Geografia do Brasil*, cit., p. 344.

e alta densidade de área construída[11]. Esse processo de urbanização diz da dissolução da ordem tradicional, a velha sociedade agrária cuja base foi suprimida pela abolição da escravatura. No entanto, esse deslocamento (ou substituição) parece ter ocasionado contradições que até hoje não foram resolvidas. Daí o presente esforço em tentar estabelecer relações entre a estrutura discriminatória das instituições e as ideias políticas. Uma ideologia escravocrata brasileira.

Em *Raízes do Brasil*, Sérgio Buarque de Holanda, ao discorrer sobre a passagem do cultivo da cana-de-açúcar para o café, já havia alertado para os riscos do crescimento das cidades como instrumento de dominação política. Nesse mesmo contexto, também apontou para a necessidade de considerar a (i)maturidade cultural do país presente na transição de uma sociedade rural para outra urbana e industrial. A única exigência para essa passagem era não liquidar o passado, não aniquilar as raízes brasileiras resultantes das combinações ibéricas e afro-indígenas. Porém, as cidades rapidamente viraram metrópoles e a democracia[12] no Brasil foi um lamentável

---

[11] Sandra Lencioni, "Uma nova determinação do urbano: o desenvolvimento do processo de metropolização do espaço", em Ana Fanni Alessandri Carlos e Amália Inês Geraiges Lemos (orgs.), *Dilemas urbanos: novas abordagens sobre a cidade* (São Paulo, Contexto, 2003).

[12] "Uma aristocracia rural e semifeudal importou-a e tratou de acomodá-la, onde fosse possível, aos seus direitos ou privilégios, os mesmos privilégios que tinham sido, no Velho Mundo, o alvo da luta da burguesia contra os aristocratas. E assim puderam incorporar à situação tradicional, ao menos como fachada ou decoração externa, alguns lemas que pareciam

mal-entendido. Em nenhum outro momento da sua história o capital foi capaz de erigir formas de aglomeração urbana de tal magnitude e complexidade. Os países desenvolvidos foram os primeiros a apresentar esse tipo de espacialização do fenômeno urbano. Londres, Nova York, Paris, Tóquio, mesmo antes da Segunda Guerra Mundial, já apresentavam intensos processos de conurbação. No Brasil, a configuração de regiões metropolitanas consolidou-se com a industrialização em decurso após os anos 1950. Esta resultou do

> intenso processo de concentração das atividades secundárias e terciárias em expansão nos centros urbanos que já representavam polos regionais de crescimento econômico e que se desenvolviam no interior da sociedade agroexportadora brasileira.[13]

Trata-se do período em que Getulio Vargas reorganizou o Estado para administrar o crescimento econômico (1930-1945 e 1951-1954), dando ensejo ao projeto de expansão econômica nacional desenvolvimentista. No Sudeste brasileiro, foram criadas várias estatais na área do aço e da energia, além do estabelecimento de uma legislação trabalhista e da organização de um sistema educacional voltado para a formação de mão de obra específica. A implantação das multinacionais nessa região do país se deveu a melhores condições técnicas nas áreas de trans-

---

os mais acertados para a época e eram exaltados nos livros e discursos" (Sérgio Buarque de Holanda, *Raízes do Brasil*, cit., p. 160).

[13] Francisco Capuano Scarlato, "População e urbanização brasileira", cit., p. 433.

porte, serviços bancários e de comunicação, mão de obra, reparos e manutenção de equipamentos.

Se, por um lado, a economia da monocultura do café propiciou grande desenvolvimento ao Sudeste brasileiro, por outro, a ideia de polo de crescimento, associada à política de concentração de investimentos, reafirmou o caráter centralizador do país e acelerou seu quadro caótico de organização e integração territorial.

A ação realizada pelas oligarquias no Brasil antes do período de entrada das multinacionais foi sempre orientada para a maximização do lucro por processos predatórios, tanto sobre os recursos naturais como sobre os recursos humanos.[14]

Com isso, observa-se que os incentivos oferecidos às multinacionais e a escolha da região para esses estabelecimentos apenas deram continuidade à tradicional política de exclusão social e concentração de renda. A expansão das oportunidades do mercado local no Sudeste brasileiro potencializou a metropolização da região, atraindo empresas de todo o mundo e trabalhadores de todo o país.

Não foi apenas no Brasil, ou na América Latina, que as empresas multinacionais passaram a instalar suas subsidiárias, mas sim na grande maioria dos países do Terceiro Mundo. Os anos que se seguiram à Segunda Guerra Mundial marcaram mudanças em toda a dinâmica urbana dos países subdesenvolvidos. Acirraram-se a exploração do trabalho, a desigualdade social e a consequente expansão de favelas por todo o mundo.

---

[14] Idem, "O espaço industrial brasileiro", cit., p. 353.

As cidades do futuro, em vez de feitas de vidro e aço, como fora previsto por gerações anteriores de urbanistas, serão construídas em grande parte de tijolo aparente, palha, plástico reciclado, blocos de cimento e restos de madeira.[15]

Na América Latina, a indústria foi o motor e o centro dinâmico da expansão moderna e urbana. Até o início do século XX, a acumulação de capital e o desenvolvimento tecnológico desses países caminhavam em passos lentos. Eram nações essencialmente rurais, com um parque industrial fraco e desprovido de máquinas e equipamentos. Daí a posterior definição da política industrial brasileira, já sob a presidência de Juscelino Kubitschek (1956-1961), que procurou estimular o processo de substituição das importações para fortalecer a economia nacional. Fundamentado nessa estratégia, o caminho mais rápido adotado pelo Estado, baseado no Plano de Metas, cujo slogan era "50 anos em 5", foi o de permitir a entrada de tecnologias e capitais para a industrialização de bens de consumo duráveis. Vale ressaltar que os consumidores de bens duráveis são, evidentemente, os pequenos e privilegiados grupos sociais de maior renda. Em suma, entende-se, uma vez mais, que os investimentos estrangeiros permitiram o aumento da produtividade do trabalho na economia brasi-

---

[15] Mike Davis, *Planeta favela* (São Paulo, Boitempo, 2006), p. 28. A expansão deste "planeta favela" apresenta passos acelerados: alta dos preços, baixa dos salários, redução da presença do Estado, disparada do desemprego urbano e a contínua formação das favelizações por toda a periferia mundial.

leira, propiciando uma acumulação vigorosa às empresas estatais[16].

Essa forma direta de beneficiar a reprodução dos capitais estrangeiro e nacional se deu também devido aos salários fixos e baixos pagos aos trabalhadores. Fato esse que tanto inviabilizou a possibilidade de novas relações entre o Estado e suas classes subordinadas quanto tornou impraticável o estabelecimento de uma soberania nacional diante da nova divisão internacional do trabalho. Essa posição ocupada pelo Estado brasileiro (com foco nas classes de maior renda) reafirma os motivos de a industrialização acelerada não ter conseguido tirar o país do subdesenvolvimento, tampouco diminuir suas disparidades sociais e regionais[17].

A ausência de planejamento da cidade paulistana anuncia um suposto programa condutor das ações públicas e privadas da metrópole. Em outras palavras, o crescimento da cidade parece ter sido baseado em um projeto de modernização das relações de produção com vistas apenas à expansão física e à dotação material da cidade. O número de indivíduos que atuam na rede de interesses dos programas condutores é bastante reduzido e as operações bastante articuladas. Desde muito tempo, o rol de acionistas das empresas voltadas às atividades urbanizadoras e

---

[16] Sabe-se que os anos da ditadura brasileira (1964-1985) representaram o período em que mais se privilegiou o capital estrangeiro e a entrada de grandes empresas multinacionais no país.

[17] Ariovaldo Umbelino de Oliveira, "A inserção do Brasil no capitalismo monopolista mundial", em Jurandyr Luciano Sanches Ross, *Geografia do Brasil*, cit.

os cargos das diversas instâncias do poder público são compostos e conduzidos pelas mesmas famílias cujas práticas remetem à longa tradição brasileira de mentalidade escravocrata. Há séculos que os membros de um mesmo grupo se sucedem em importantes cargos públicos e empresariais de modo a exercerem um significativo controle sobre o arranjo dos investimentos e da valorização fundiária[18].

A importância dos grupos rurais dominantes, encastelados na autarquia econômica e familiar, manifesta-se na supervalorização do talento e das atividades intelectuais (reacionárias e progressistas) que não se ligam ao trabalho material e parecem brotar de uma qualidade inata. O tradicional personalismo, segundo Sérgio Buarque de Holanda, potencializa a frouxidão das instituições e a falta de coesão social do Estado e do país. Essa longa tradição política de privilégios faz--se sentir, por exemplo, na oferta precária de serviços de transporte público – como ônibus, trem e metrô –, insuficientes e mal distribuídos nas localidades periféricas da cidade. Tal ausência de investimento impõe sérias restrições à locomoção da maioria da população e também explica a consequente intensidade do tráfego de carros na metrópole paulistana.

Desde 1957, quando se consolidou a indústria de transportes no Brasil, até 1989, a fabricação de ônibus por unidades cresceu bem menos do que a de automóveis. Isto pode ser constatado pela precariedade

---

[18] Mônica Silveira Brito, "Iniciativa privada e produção do espaço urbano em São Paulo: 1890-1911", em Ana Fanni Alessandri Carlos e Amália Inês Geraiges Lemos (orgs.), *Dilemas urbanos*, cit.

numérica e qualitativa das frotas de ônibus nas cidades brasileiras.[19]

Quanto ao plano habitacional, as políticas adotadas também tendem à segregação socioespacial da população de baixa renda. O Banco Nacional de Habitação (BNH), criado em 1964, visava atender à demanda de habitação para a classe trabalhadora, mas acabou transformando-se em uma instituição de acumulação de capitais. Financiou habitações para a classe média e estimulou a verticalização e o adensamento da cidade, cobrando parcelas e taxas inacessíveis às populações de baixa renda. Com isso, a necessidade de habitação no interior da região metropolitana de São Paulo levou a Cooperativa Habitacional (Cohab) a ocupar grandes áreas vazias com gigantescas construções de moradia popular localizadas em pontos distantes do centro[20].

Essas grandes concentrações que se distribuíram por toda a Grande São Paulo quase sempre eram primeiramente construídas para depois sofrerem um mínimo de urbanização (serviços de abastecimento, transporte e pavimentação). O número de inadimplentes nesses conjuntos é muito grande. São geralmente

---

[19] Francisco Capuano Scarlato, "O espaço industrial brasileiro", cit., p. 374. Na escola pesquisada, os professores e pais de alunos reclamavam da falta de ônibus para o trabalho, e os próprios alunos, quando no 9º ano do ensino fundamental, começavam a reivindicar o acesso à futura escola de ensino médio, uma vez que, pela falta de ônibus, tinham de caminhar alguns quilômetros e atravessar a marginal Pinheiros.

[20] Idem, "População e urbanização brasileira", cit.

construções feitas com materiais de baixa qualidade e situadas em terrenos nem sempre de acordo com as exigências da legislação. Sua padronização e a maneira como são alinhados os edifícios, sem nenhum cuidado na criação de uma paisagem integradora do indivíduo com o seu espaço, fazem com que uma grande parte desses conjuntos de casas e edifícios se apresente como uma massa de cimento desprovida de praças e jardins, com um visual de profunda monotonia e localizada distante dos lugares de trabalho e de lazer que a cidade pode oferecer.[21]

Assim, diante das dificuldades de locomoção do trabalho para essas cidades-dormitório, a periferia da grande São Paulo cresceu menos em comparação com as áreas centrais da metrópole (os cortiços do centro) e com o processo de favelização no interior dos bairros, como é o caso da favela Real Parque. O sistema de avenidas radiais e perimetrais, bem como as grandes avenidas e marginais da cidade, foi deteriorando os bairros que haviam se formado no decorrer dos anos. As classes sociais que puderam deslocar-se desses bolsões de trânsito transferiram-se para os condomínios fechados e localizados na periferia verde da cidade, como Alphaville e Granja Viana. Antigos bairros aristocráticos, como Pacaembu, Higienópolis e Jardins, que, antes da industrialização dos anos 1950, representavam formas nobres de morar, viram-se invadidos pelo processo de adensamento, pela verticalização e pelos fluxos viários. Em decorrência dessas mudanças no território, surgiram bairros de alto padrão, distantes do centro,

---

[21] Ibidem, p. 454.

como é o caso do Morumbi, implantado em colinas ainda cobertas pela vegetação natural[22].

Para as populações de baixa renda, constituídas por operários e trabalhadores de serviços menos qualificados, restaram algumas possibilidades, como a acelerada formação de cortiços no centro das cidades e de favelas nas áreas públicas ou privadas ainda vazias. Tais favelas criam bolsões de pobreza no interior da região metropolitana, mas funcionam como reservas imobiliárias na especulação do mercado de terras[23]. Esse conflito condiz com a atual situação fundiária de desterritorialização dos migrantes do Brejo dos Padres, cujas casas inacabadas e amontoadas umas às outras criam um cenário de ruínas no interior do bairro do Morumbi e remontam à experiência de segregação e conflito com o Estado.

Do ponto de vista jurídico, os trabalhadores afro-indígenas sertanejos foram legalmente trazidos para São Paulo como mão de obra do capitalismo nacional. Atualmente, porém, segundo a Constituição brasileira, apresentam uma situação ilegal de moradia. Ao mesmo tempo que a Constituição expressa o reconhecimento formal das necessidades e dos direitos da população pobre – como a promoção da urbanização e da regularização fundiária das áreas faveladas, os programas de construção de moradias populares e a utilização das terras públicas ociosas para assen-

---

[22] Ibidem, p. 452.

[23] Anselmo Alfredo, "Cidade e metrópole, uma identidade contraditória no processo de urbanização contemporânea", em Ana Fanni Alessandri Carlos e Amália Inês Geraiges Lemos (orgs.), *Dilemas urbanos*, cit.

tamentos –, os instrumentos jurídicos conferem ao Estado o poder de desapropriar por meio da força e da violência, sem oferecer, como contrapartida, algo apropriado para viver. Determinada expulsão dos favelados da zona sul de São Paulo viabilizou-se por um processo de opressão policial – a realização da forma legal – mediante o título jurídico de propriedade e a humilhação dos moradores, que sofreram o peso da lei na condição de foras da lei.

A lei aparece para eles no seu sentido invertido, pois os coloca na situação de réus culpados que já estão sofrendo a pena. A violência ali realizada aparece como o elemento revelador de uma crise da propriedade, ou seja, os elementos constitutivos da mesma desassociam-se, revelando uma impossibilidade de seu movimento afirmativo. Nestes termos, a posse desvincula-se do domínio jurídico da propriedade, inviabilizando a realização da forma social da propriedade privada capitalista. A violência, portanto, aparece como inerente à forma.[24]

Desde a época do café e dos primeiros anos da industrialização, o processo de acumulação capitalista já havia definido o espaço dos ricos e o dos pobres em São Paulo.[25]

Nessa direção, a expansão da cidade foi pautada por políticas discriminatórias étnicas e sociais que (re)produziram formas de segregação territorial e intensificaram a especulação imobiliária, acirrando a polarização exclusão/inclusão. Na recente histó-

---

[24] Ibidem, p. 50.

[25] Francisco Capuano Scarlato, "População e urbanização brasileira", cit., p. 460.

ria urbana observam-se apenas a exaltação de um prestígio pessoal, um quadro de privilégios e a consequente exclusão que remonta aos tempos idos da nossa escravidão.

A partir dos tempos coloniais, passando pela explosão urbana da segunda metade do século XX, verifica-se, de modo veloz e maciço, o círculo vicioso de apropriação do solo, fundamentado em uma escassez socialmente criada pela apropriação jurídica – das sesmarias ao Código Civil – e pelo funcionamento do mercado de terras. O aparelhamento dos melhores terrenos por parte de setores sociais mais poderosos e a expulsão das terras em função dos valores inacessíveis caracterizam um quadro ainda do regime colonial[26]. Eis a marca da herança rural na formação da sociedade brasileira. A dicotomia rural/urbano suscita conflitos para a mentalidade escravocrata industrial. O relato da migração dos trabalhadores nordestinos do Brejo dos Padres para a metrópole remonta às opções econômico-políticas presentes nos momentos históricos pré e pós-abolicionistas que determinaram os modos de inserção social das populações étnico-sociais brasileiras.

A situação dessas populações, relegadas em sua maioria a condições de vida miseráveis, viu-se agudizada pelo modo como se forjou o projeto brasileiro de democracia. Em nome de uma modernização e industrialização, tais grupos foram deixados à deri-

---

[26] Jan Bitoun, "Os embates entre as questões ambientais e sociais no urbano", em Ana Fanni Alessandri Carlos e Amália Inês Geraiges Lemos (orgs.), *Dilemas urbanos*, cit.

va, servindo apenas como mão de obra barata. Sem o compromisso do Estado, não houve uma política com a intenção de promover a universalização dos direitos sociais.

Em última instância, apesar de esses trabalhadores terem sido a principal força produtiva para o desenvolvimento econômico de acumulação primitiva que serviu à formação do capitalismo brasileiro, seus descendentes permanecem sem receber os benefícios desse processo, como o acesso a moradias e escolas públicas de qualidade.

O argumento racial na formação do pensamento social brasileiro

A conjuntura histórica na qual se inscreveu a abolição jurídica do regime escravista no país propicia uma reflexão em torno das particularidades e dimensões constitutivas dos grupos excluídos da sociedade brasileira. Do mesmo modo, um estudo sobre a formação do pensamento social nacional permite apreender o preconceito embutido na interpretação hegemônica da sociedade feita pelas elites.

Conforme a discussão anterior, a organização social brasileira pós-colônia acirrou a segregação territorial e étnica dos grupos populacionais continuamente desterritorializados há séculos. Porém, a intensidade da miscigenação e o fenômeno da mobilidade dos grupos étnico-sociais são os fatores mais marcantes de todo esse processo nacional. A história do aldeamento do Brejo dos Padres, por exemplo, apresenta como afro-brasileiros forros distribuíram-se por um espaço social – comum a outras populações étnicas da sociedade brasileira –

que lhes permitiu vivenciar novos processos culturais mesclando-se com os indígenas e as demais camadas de populações já mestiçadas. Com isso, diferentes etnias e estilos de vida, valores e meios de sobrevivência passaram a fazer parte dos ritos de sociabilidade das populações pobres nos centros rurais e urbanos do país.

Fenômenos de origens diversas, a começar pela proibição do tráfico (1850) e a intensificação do comércio interno de escravos, a Guerra do Paraguai (1865-1870), as grandes secas do sertão (fim das décadas de 1870 e 1880), a abolição da escravatura (1888) e a proclamação da República (1889), provocaram alterações socioeconômicas significativas ao longo da segunda metade do século XIX. Como decorrência dessas alterações, a intensidade das misturas étnico-sociais expressou-se em infindáveis denominações que, ao mesmo tempo que indicavam as múltiplas possibilidades de combinações, diziam respeito às particularidades regionais e aos modos de vida dos diferentes meios geográficos.

Termos como "caipira", "caboclo", "sertanejo", entre outros, definidos de acordo com a região, referiam-se a grupos sociais que, em geral, residiam ou trabalhavam em terra alheia como agregados; moradores ou arrendatários que, por conseguinte, não se fixavam no território por muito tempo. Essa prontidão para a mudança apresentou-se como um meio de escapar às contingências da dominação, dos alistamentos militares, dos aldeamentos forçados e dos cenários de guerra locais. A reorganização da vida da população ex-escrava, indígena e dos homens livres pobres deu-se diante de uma estrutura social que pretendia engendrar homens sem vínculos e sem lugar de pertença. Trata-se de uma parcela da população brasileira que foi desde cedo relegada a viver à margem de um sistema instituidor do monopólio da propriedade da terra. No entanto, a mobilidade, que sedimentou o aspecto nômade nas populações, propiciou a elas um acúmulo de experiência, resistência e criatividade. São muitas as divergências e os conflitos entre as formas de resistência da população excluída e as representações produzidas pela elite acerca de sua falta de fixidez. A elite política que procurava viabilizar os projetos de modernização higienistas e europeizantes concebia essas multidões multifacetadas como grupos indisciplinados, preguiçosos e andarilhos desocupados que recusavam o trabalho e atrapalhavam o movimento de modernização das cidades[27].

Tal mentalidade escravocrata não é capaz de considerar as condições sociais e históricas que levaram essa parcela da população aos deslocamentos. Ou seja, não faz referência ao fato de que tais diásporas só podem ser compreendidas quando relacionadas aos resquícios da escravidão no Brasil. De um lado, a tradição e experiência presentes nas noções de subsistência e nos padrões de organização social desses grupos; de outro, a interpretação estigmatizante de suas trajetórias sociais produzida pelas classes dominantes. A formação social desse pensamento bra-

---

[27] Maria Cristina Cortez Wissenbach, "Da escravidão à liberdade: dimensões de uma privacidade possível", em Nicolau Sevcenko (org.), *História da vida privada no Brasil, v. 3: República: da Belle Époque à era do rádio* (São Paulo, Companhia da Letras, 1998).

sileiro que não apreende as nuanças do movimento histórico e constitutivo da população nacional acaba por ser responsável pela discriminação dos pobres aglomerados nos guetos das grandes cidades. Uma concepção preconceituosa dos movimentos migratórios está presente no antigo tratamento desses sujeitos como seres anômalos e no atual emprego de termos como "marginal", "favelado" e "delinquente" para se referir aos diversos grupos étnico-sociais de jovens e trabalhadores que compõem as camadas populares brasileiras.

É possível que sujeitos capazes de respeitar leis antidiscriminatórias apresentem forte propensão a adotar ações discriminatórias no momento em que tal legislação for abolida – ou seja, o preconceito pode encontrar-se subjacente a determinadas opiniões aparentemente contrárias a ações discriminatórias. A discriminação[28] e o preconceito étnico-social brasileiro envolvem, respectivamente, as

---

[28] "Uma definição jurídica que hoje pode ser considerada marco para a compreensão e a denúncia é aquela formulada pela Convenção Internacional sobre a Eliminação de Todas as Formas de Discriminação Racial, também conhecida como Cerd, da Organização das Nações Unidas. Essa convenção foi adotada pela Assembleia Geral da ONU em 1965 e se encontra vigente desde 1969. A Cerd define a discriminação racial como qualquer distinção, exclusão, restrição ou preferência baseada em raça, cor, descendência ou origem nacional ou étnica que tenha o propósito ou o efeito de anular ou prejudicar o reconhecimento, gozo ou exercício em pé de igualdade dos direitos humanos e das liberdades fundamentais" (Rita Laura Segato, "Racismo, discriminación y acciones afirmativas: herramientas conceptuales", cit., p. 2, aqui em tradução livre).

violências objetiva e subjetiva dirigidas contra as populações pobres e não brancas. Assim, há uma relação imanente entre a discriminação, como efeito da convicção pessoal projetada na esfera pública, e o preconceito, que, para existir, alimenta-se da distinção discriminatória.

Fundamentado em uma mentalidade preconceituosa e em uma prática discriminatória, o argumento racial foi política e historicamente construído na formação do pensamento brasileiro.

Não obstante, se logo após a independência política de 1822 as elites locais, adeptas da voga do romantismo, selecionaram no indígena (mitificado e afastado da própria realidade) um modelo de nacionalidade, já em finais do século 19 os negros e mestiços, até então ausentes da representação oficial, acabaram sendo apontados como índices definidores da degeneração, ou como responsáveis pela falta de futuro deste país.[29]

Com o fim da monarquia, os impasses da República Velha e as exigências da modernização e industrialização do fim do século XIX e início do século XX, formulou-se uma pergunta para a nação: quem somos nós? Do racismo científico do fim do século XIX à ideologia do branqueamento, acompanhada do elogio ao mestiço e do discurso da democracia racial do início do século XX, a pergunta já revelava uma interpretação racial de nação.

O racismo científico, representado por Nina Rodrigues (1862-1906) e Sílvio Romero (1851-1914), destacava as mazelas da miscigenação racial e conde-

---

[29] Lilia Moritz Schwarcz, *Racismo no Brasil* (São Paulo, Publifolha, 2001), p. 23.

nava a realidade mestiça local como um obstáculo no destino da nação. Por outro lado, inserido nesse mesmo cenário ideológico-político do fim do século, Joaquim Nabuco (1849-1910) representou o ideário liberal burguês em ascensão no panfleto antiescravista *O abolicionismo*[30]. Neste, sustentou diferentes teses, entre as quais a de que a escravidão era um processo incompatível com a modernidade. Seu projeto econômico e político-liberal para o país consistia em abolir as relações escravistas e reordenar as condições de trabalho pela importação da força produtiva já adaptada à economia industrial capitalista.

No entanto, esse projeto de modernização carregava consigo ideias preconceituosas sobre os negros, a despeito de pretender representar o Brasil como um paraíso de convivência inter-racial.[31]

Inspirado pelo pensamento liberal, tal projeto político a favor da modernização industrial do Brasil e da imigração europeia recebeu o apoio da elite, ocupada em tirar o Brasil do isolamento econômico mundial.

Para isso, era preciso oferecer uma imagem nacional atraente. Mas o que fazer com os afro-brasileiros, indígenas e seus descendentes? Como branqueá-los e integrá-los ao mundo dos negócios capitalistas e da mão de obra livre e qualificada para a industrialização do país?

O fim da escravidão, o jogo de interesses, a necessidade de um novo projeto político para o país,

---

[30] Petrópolis, Vozes, 1988.

[31] Iray Carone, "Breve histórico de uma pesquisa psicossocial sobre a questão racial brasileira", cit., p. 16.

a substituição da mão de obra, a conservação da hierarquia social e a exigência de novos critérios de cidadania anunciavam o paradoxo entre a aceitação e a adaptação das teorias estrangeiras que condenavam o cruzamento racial. A saída encontrada desvela a singularidade do processo de abolição brasileira, que permanece entre a existência hierárquica de diferenças humanas inatas e o elogio do cruzamento. Cientistas e políticos, pesquisadores e literatos, acadêmicos e missionários se movimentavam entre os incômodos limites que os modelos lhes permitiam. A elite abolicionista, composta em sua maioria por médicos, acadêmicos e juristas, dividiu-se entre condenar a mestiçagem e adaptar os discursos racistas de clareamento.

Do darwinismo social adotou-se o suposto da diferença entre as raças e sua natural hierarquia, sem que se problematizassem as implicações negativas da miscigenação. Das máximas do evolucionismo sublinhou-se a noção de que as raças humanas não permaneciam estacionadas, mas em constante evolução e aperfeiçoamento, obliterando-se a ideia de que a humanidade era una. Buscavam-se, portanto, em teorias formalmente excludentes, usos e decorrências inusitados e paralelos, transformando modelos de difícil aceitação local em teorias de sucesso.[32]

Diante do fato irreversível da miscigenação, os argumentos a favor da extinção do regime de produção escravocrata foram acompanhados da ideia de bran-

---

[32] Lilia Moritz Schwarcz, *O espetáculo das raças: cientistas, instituições e questão racial no Brasil – 1870-1930* (São Paulo, Companhia das Letras, 1993), p. 18.

quear o povo brasileiro. Nessa direção, pelas vias da mestiçagem forçada, da exclusão social e da implantação de políticas públicas de incentivo à imigração para o Brasil, o início do século XX foi marcado pela missão de um processo de limpeza étnico-social. É possível observar que o plano de trazer trabalhadores europeus para o desenvolvimento econômico do país encontrou sustentação na hipótese da superioridade racial do branco. Afinal, a justificativa de obter maior produtividade com o emprego da mão de obra europeia, considerada mais apta às condições da nova ordem econômica industrial, não se sustentou, pois o nível de instrução dos imigrantes era equivalente ao dos ex-escravos brasileiros[33].

Sobre a imagem do Brasil projetada como democracia racial e civilização tropical, tivemos a confluência de um amplo espectro ideológico que se estendeu desde um período fortemente marcado pelas ciências positivas e deterministas do racismo científico até as teses culturalistas de Gilberto Freyre[34]. Nestas, a mestiçagem, mais social e cultural e menos biológica, foi lida como redenção. Com isso, associada à política nacionalista do Estado Novo de Getulio Vargas, o país foi (re)definido por sua singularidade racial, agora de forma positivada e transformada em solução.

O discurso nacionalista da época tinha a pretensão de representar positivamente a nação. Com o objetivo de formar um pensamento social brasileiro,

---

[33] Iray Carone, "Breve histórico de uma pesquisa psicossocial sobre a questão racial brasileira", cit.

[34] *Casa grande & senzala* (Rio de Janeiro, Global, 2006).

alimentado pela convivência cultural miscigenada, o Brasil foi mundialmente conhecido como um modelo de igualdade racial[35]. No entanto, essa mestiçagem como solução carrega a aceitação implícita do clareamento.

O mestiço vira nacional, paralelamente a um processo de desafricanização de vários elementos culturais, simbolicamente clareados. A feijoada, por exemplo, até então conhecida como comida dos escravos, a partir dos anos 1930 se converte em prato nacional, carregando a representação simbólica da mestiçagem. O feijão e o arroz remeteriam metaforicamente aos dois grandes segmentos formadores da população, e a eles se juntariam a couve (o verde das nossas matas) e a laranja (da cor do ouro). Esse não é um caso isolado. A capoeira – reprimida pela polícia do final do século 19 e incluída como crime no Código Penal de 1890 – é oficializada como modalidade esportiva nacional em 1937. Também o samba sai da marginalidade e ganha as ruas, enquanto as escolas de samba e seus desfiles passam, a partir de 1935, a ser oficialmente subvencionados. Não é também por coincidência que o regime introduz, nesse período, novas datas cívicas: o dia do Trabalho, o aniversário de Getulio Vargas e do Estado Novo e o dia da Raça, criado para exaltar a tolerância de nossa sociedade. Da mesma maneira, a partir de 1938 os atabaques do candomblé passam a ser batidos sem interferência policial. Até mesmo o futebol, originariamente um esporte inglês, foi sendo associado a negros, sobretudo a partir de 1933, quando a profissionalização dos jogadores tendeu a mudar a colo-

---

[35] Thomas Skidmore, *Preto no branco: raça e nacionalidade no pensamento brasileiro* (Rio de Janeiro, Paz e Terra, 1976).

ração dos clubes futebolísticos. Nesse momento, ainda, dá-se a escolha de Nossa Senhora da Conceição Aparecida para padroeira do Brasil. Meio branca, meio negra, a nova santa era mestiça como os brasileiros: a imersão nas águas do rio Paraíba teria escurecido a Virgem, e sua súbita aparição, feito dela uma legítima representante da nacionalidade. Não se pode esquecer o surgimento da famosa figura do malandro brasileiro. Como personagem, o malandro representa a recusa de trabalhos regulares e a prática de expedientes temporários para a garantia da boa sobrevivência. Mestiça que era, a malandragem ganhou uma versão internacional quando, em 1943, Walt Disney apresentou, pela primeira vez, Zé Carioca. No filme *Alô, amigos*, o papagaio introduzia o Pato Donald nas terras brasileiras, tudo com muito ritmo, cachaça, Carmen Miranda, samba, maracas e frutas tropicais. O sucesso foi tal que Zé Carioca retorna com o desenho *Você já foi à Bahia?*, mostrando aos americanos quão exótico e harmonioso era o país.[36]

Mas os conceitos de superioridade e de inferioridade racial permaneceram sem revisão, e o elogio à miscigenação funcionou apenas a serviço de uma reinterpretação otimista do cenário identitário nacional. Ou seja, o significado atribuído à mestiçagem no debate ideológico-político foi pilar de um processo de construção de identidade nacional que almejou a formação de um só povo, mestiço, porém mais branco. Manteve-se a base da hierarquia biológica e cultural de raças que aniquila a experiência social e cultural da diversidade brasileira. Pode-se entender que, ao incentivar um processo

---

[36] Lilia Moritz Schwarcz, *Racismo no Brasil*, cit., p. 28-30.

de homogeneização genética calcado na missão política de branquear a população do país, a ideologia do branqueamento balizou a constituição de uma identidade nacional racista[37].

O branqueamento poderia ser entendido, num primeiro nível, como o resultado da intensa miscigenação ocorrida entre negros e brancos desde o período colonial, responsável pelo aumento numérico proporcionalmente superior dos mestiços em relação ao crescimento dos grupos negros e brancos na composição racial da população brasileira. O branqueamento, todavia, não poderia deixar de ser entendido também como uma pressão cultural exercida pela hegemonia branca, sobretudo após a Abolição da Escravatura, para que o negro negasse a si mesmo, no seu corpo e na sua mente, como uma espécie de condição para se integrar (ser aceito e ter mobilidade social) na nova ordem social.[38]

Tal ideário restringe as possibilidades de subjetivação e a representação social dos mais diferentes homens brasileiros, pois o entendimento final dessa lógica, já introjetada na cultura brasileira, aposta no embranquecimento físico e cultural como a melhor saída para a inserção das populações étnicas deste país. "Quanto mais branco, melhor; quanto mais claro, superior."[39] Do ponto de vista da subjetividade, estudos posteriores à década de

---

[37] Iray Carone, "Breve histórico de uma pesquisa psicossocial sobre a questão racial brasileira", cit.

[38] Ibidem, p. 13-4.

[39] Lilia Moritz Schwarcz, *Racismo no Brasil*, cit., p. 49.

1970 apontam os privilégios herdados e produzidos em cima de quase quatro séculos de escravidão como responsáveis por provocar verdadeiras deformações psíquicas na formação social dos brasileiros – dos herdeiros beneficiários aos herdeiros expropriados. Nessa direção, descobrir-se do ponto de vista étnico-social é um processo doloroso, mas fundamental para a maturidade psicológica do brasileiro; é a possibilidade de o país encontrar-se consigo mesmo, com sua história, seu povo, sua identidade e ancestralidade[40].

O Brasil, país de larga convivência com o cativeiro, foi a última nação das Américas a abolir a escravidão. Atrasada, a abolição parece ter sido entendida pela elite como uma concessão, uma dádiva sem negociação e, principalmente, sem a participação dos afro-brasileiros envolvidos. Não houve, e não há, espaço social para ouvir as lutas e conflitos dessas populações. Ainda não se concedeu um direito ao sujeito em diáspora, desterrado – apenas a possibilidade de embranquecer-se. Nesse sentido, supõe-se que a existência dos grupos étnico-sociais representava uma experiência possivelmente ameaçadora para a elite intelectual, bastante ocupada com a formação de uma nação mais branca.

É possível imaginar o pânico e o terror de uma elite que investe, então, nas políticas de imigração europeia, na exclusão total dessa massa do processo de in-

---

[40] Edith Piza, "Porta de vidro: entrada para a branquitude", em Iray Carone e Maria Aparecida da Silva Bento (orgs.), *Psicologia social do racismo*, cit.

dustrialização que nascia e no confinamento psiquiátrico e carcerário dos negros.[41]

A intencionalidade política da ideologia do branqueamento desvelou a preocupação de impedir a decadência dos brancos pela vitória dos mestiços. Em outras palavras, essa proposta continha a tendência "espontânea" de beneficiar o branco em todos os âmbitos da vida social. Uma preocupação que pode ser entendida como um pacto velado de privilégios entre a elite. Um pacto narcísico de branquitude[42]. Este, discutido desde os anos 1950 no Brasil, problematiza o medo da elite branca diante de uma maioria nacional afro-indígena e ainda denuncia que do temor advêm os privilégios.

O afro-brasileiro Oliveira Viana, advogado e historiador, redigiu uma introdução para os resultados do censo de 1920 e de 1940, tranquilizando a elite quanto à certeza da arianização da nação brasileira:

> os porta-vozes da elite, depois de 1930, alegravam-se com o novo consenso científico de que o preto não era intrinsecamente pior e que a pretensão racista de que a miscigenação resultava em degeneração era pura tolice.[43]

---

[41] Maria Aparecida da Silva Bento, "Branqueamento e branquitude no Brasil", em Iray Carone e Maria Aparecida da Silva Bento (orgs.), *Psicologia social do racismo*, cit., p. 36.

[42] Idem; Iray Carone, "Breve histórico de uma pesquisa psicossocial sobre a questão racial brasileira", cit.

[43] Thomas Skidmore, *Preto no branco*, cit., p. 228.

Assim, as dúvidas quanto à raça, expressas pela elite em anos passados, haviam perdido, entrementes, qualquer acento de convicção.

Curiosamente, os escritores não se arriscaram mais a afirmar sem subterfúgios que a raça não fazia diferença e que se podia deixar de lado a questão. Diziam, ao invés, que o Brasil branqueava a olhos vistos – e que, em consequência, o problema caminhava para uma solução.[44]

Assim, forjada pelas elites brancas de meados do século XIX e início do século XX, a ideologia do branqueamento foi sofrendo importantes alterações de função e de sentido no imaginário social.

Se nos períodos pré e pós-abolicionistas ela parecia corresponder às necessidades, anseios, preocupações e medos das elites brancas, hoje ganhou outras conotações – é um tipo de discurso que atribui aos negros o desejo de branquear ou de alcançar os privilégios da branquitude por inveja, imitação e falta de identidade étnica positiva.[45]

Diante de um modelo uniculturalista e de uma sociedade plural em etnias e culturas tem-se, talvez, uma problemática que permeia o imaginário social dos jovens alunos da escola pesquisada: "Sou um e outro, o mesmo e o diferente, nem um nem outro, pertenço e não pertenço". Tal indefinição social parece dificultar sua escolha identitária, que parece ficar "hipoteticamente adiada, pois espera,

---

[44] Ibidem, p. 192.

[45] Iray Carone, "Breve histórico de uma pesquisa psicossocial sobre a questão racial brasileira", cit., p. 17.

um dia, ser 'branco', pela miscigenação e/ou ascensão social"[46]. Florestan Fernandes[47], ao abordar a temática racial pelo ângulo da desigualdade, desconstruiu a imagem nacional de harmonia, tolerância e democracia racial. A significativa expansão de sua pesquisa, que fomentou estudos sobre a discriminação, o preconceito, a correlação entre cor e classe e a própria revisão teórica do mito da democracia racial, coincidiu com o início da metropolização de São Paulo, a migração dos anos 1950 e o fracasso da ideologia do branqueamento. Por fim, se a história pós-colonial foi capaz de conquistar a modernização e a urbanização, foi incapaz de mexer nas estruturas mais profundas da mentalidade escravocrata brasileira. Esta não apenas ainda carrega consigo a construção mítica da democracia étnico-social, como mantém os privilégios da branquitude, embutidos nas práticas cotidianas do coronelismo e do cordialismo.

Pergunta-se, então,

> o que têm podido dizer os brasileiros sobre a sua identidade étnica desde os primeiros anos da década de 1950? Por um lado, é visível a tendência a acreditar que nenhum problema existe.[48]

Entre a crítica e a crença no paraíso racial brasileiro parece haver ainda certa indecisão: no Brasil,

---

[46] Kabengele Munanga, *Rediscutindo a mestiçagem no Brasil: identidade nacional* versus *identidade negra* (Petrópolis, Vozes, 1999), p. 126.

[47] Florestan Fernandes, *A integração do negro na sociedade de classes* (2 v., São Paulo, Ática, 1978).

[48] Thomas Skidmore, *Preto no branco*, cit., p. 238.

ninguém é racista; são sempre os outros. Em uma pesquisa realizada pela Universidade de São Paulo, 97% dos entrevistados afirmaram não ter preconceito, mas 98% disseram conhecer pessoas que manifestavam, de algum modo, discriminação racial[49]. O fato é que, na sociedade brasileira, tão marcada pela desigualdade e pelos privilégios, a questão étnico-social ainda cumpre um acordo tácito que aparece de maneiras diferentes na esfera íntima e no âmbito do poder público. É possível afirmar que há maior flexibilidade no campo íntimo e de convívio informal para assumir a existência do preconceito brasileiro, e menor inteireza e coerência quando essa discussão se dá, por exemplo, no campo das atuais políticas de ações afirmativas e reparação da escravidão[50]. Parece que o culto brasileiro do branqueamento e da branquitude ainda sufoca as possibilidades de movimentação política, étnica e social; afinal, essas atuais polêmicas geralmente levam à acusação de que aguçar o debate e a afirmação étnico-social pode ser, por si só, um racismo às avessas.

Apropriações, recombinações e reinvenções

A partir dos estudos de Maria Cristina Cortez Wissenbach (1998), é possível discorrer sobre algumas nuanças da organização social, dos padrões e dos modos de vida da população étnico-social brasi-

---

[49] Lilia Moritz Schwarcz, *Racismo no Brasil*, cit.

[50] Antonio Candido, "Dialética da malandragem", em *O discurso e a cidade* (São Paulo, Duas Cidades, 1993).

leira da região pesquisada. Observa-se que tipos regionais distintos e graduações sociais diversas, desde pequenos proprietários e arrendatários até simples ocupantes das terras, agregados, parceiros, meeiros, trabalhadores ocasionais e diaristas, montaram, de pouco em pouco, suas células familiares em vilas, arraiais, bairros rurais etc. Como resultado de um processo social que envolveu diásporas e hibridismos – apropriações, recombinações e reinvenções – de diferentes grupos étnicos, estilos de vida, valores, meios de sobrevivência e ritos de sociabilidade, diversas famílias condensaram-se nas atuais comunidades, como quilombos, aldeias e favelas.

Tal espacialidade é marcada por laços sociais, estruturas de parentesco e expressões culturais singulares que se revelaram significativos no processo de resistência à dominação escravista e sua subsequente discriminação social e política. Desterritorializadas inúmeras vezes, essas populações foram obrigadas a restaurar e reinventar noções e valores fundantes para todo sujeito histórico, portanto em constante formação social. Recompondo o sentido de família, estenderam as células nucleares para um contexto de grandes parentescos mobilizados por hierarquias e vínculos religiosos. Parentescos de fundo étnico e até mesmo aqueles forjados pelo tráfico de drogas conquistam os designativos "pai", "mãe" e "tia", superando as relações de consanguinidade.

Encontra-se nos remanescentes de um regime escravocrata que vincou a história brasileira a manutenção de vivências sociais e informais que dão sentido à luta cotidiana dos afro-brasileiros, indígenas e homens livres pobres que ainda precisam resistir à discriminação. A diversidade das classes populares implicou certas adaptações, mas de modo algum significou a diluição desses territórios; pelo contrário, o fato de a identidade dos grupos étnico-sociais fundamentar a resistência contra a discriminação racial manteve-a acentuada espacialmente.

A diversidade sempre foi característica das manifestações culturais e religiosas brasileiras. Uma extrema fluidez, uma mutabilidade e plasticidade nascidas nas estratégias de conversão adquiriram vida própria, transmudando-se em expressões originais. A mobilidade nas datas e nas migrações de um grupo étnico a outro, de um grupo social a outro. Uma pluralidade nas expressões, muitas vezes similares, porém concretamente distintas nas manifestações, e o mesmo vale para a situação contrária.[51]

Observa-se, com isso, que as vias informais de agrupamentos sociais permitem a apreensão de sentidos particulares e coletivos de resistência, que, por sua vez, simbolizam um tipo de afirmação étnico--social. O acúmulo de experiência e criatividade presente nas manifestações culturais dessas populações brasileiras, relegadas a viver à margem de um sistema excludente, parece, desde então, tecer uma rica trama de resistência à opressão. Ao mesmo tempo, constitui vínculos de sociabilidade fundamentais para a contínua (re)organização desses sujeitos nas mais diferentes situações sociais às quais foram

---

[51] Maria Cristina Cortez Wissenbach, "Da escravidão à liberdade: dimensões de uma privacidade possível", cit., p. 90.

compelidos a viver. Das senzalas e cativeiros aos quilombos, aldeias e favelas, as manifestações culturais e religiosas parecem funcionar como um forte meio de transmissão de valores, tradições e comunicação com a história, a ancestralidade e as forças sobrenaturais. Todo esse movimento humano e coletivo parece almejar a experiência do pertencer como um telos existencial.

Com base na noção de pertencimento – conceito vital para a reconstituição da vida após as traumáticas experiências da escravidão –, Wissenbach analisa as dimensões de uma privacidade possível. A concentração e o viver em conjunto tiveram profundas implicações sociais, e a busca em comum dos grupos étnico-sociais resultou em grandes saltos qualitativos de sobrevivência. Os espaços interiores eram exíguos. Por isso, compartilhavam espaços coletivos como as calçadas, os quintais, as ruas, os mercados e os botequins. O quintal coletivo – local onde se repartiam as aflições, o cuidado das crianças e os ensinamentos passados de geração a geração – desvela a riqueza de uma vida popular e urbana nascida na composição multiétnica das cidades da época. As dimensões de privacidade marcaram a importância de um viver compartilhado, e os padrões de solidariedade e trocas sociais vislumbram modos de vida essenciais para a sobrevivência desses grupos populares.

É provável que tal noção de privacidade tenha se constituído menos identificada com a vida doméstica e mais com a sobrevivência ampliada da intimidade às formas de associação e de convívio social celebradas em expressões religiosas e culturais. Esse sistema de privacidade popular que, muitas vezes, se orienta para o mundo das ruas denuncia as inversões que tais grupos étnico-sociais vêm fazendo diante dos projetos ideológicos de domínio escravista. Aqui, a ideia de lar, preconizada pelas elites, certamente não encontrou ressonância, do mesmo modo que, para as camadas populares, as ruas não eram simples espaços de circulação. Esse choque de concepções é deflagrado quando, por exemplo, as favelas e os cortiços não são entendidos como casas, e sim como núcleos de desordem, insalubridade e promiscuidade.

Desde a abolição da escravatura, as populações étnico-sociais pobres garantem sua sobrevivência com funções antigas: vendas ambulantes, carregamento, transporte, cultivo agrícola e prestação de serviços, como funileiros, marceneiros, catraieiros, carregadores, ensacadores etc. No entanto, apesar de serem ofícios aprendidos com a escravidão, estes permanecem desvalorizados na sociedade. A história passada revela que em quase todos os setores mencionados os sujeitos tiveram de disputar as oportunidades intermitentes com os imigrantes. Em suma, os ex-escravos perderam muito espaço. Foram diversas as lutas entre nacionais e imigrantes – por exemplo, a disputada Sociedade de Resistência dos Trabalhadores em Trapiche e Café, em 1908, no porto do Rio de Janeiro, que, até então, era um reduto tradicional dos grupos de trabalhadores afro-brasileiros[52].

Diante de todo esse preconceito e discriminação, a noção de pertencimento é um elemento

---

[52] Idem.

central no processo de reorganização social dos indígenas, afro-brasileiros e homens pobres brasileiros – talvez o lastro que dá sentido à sua existência. A mestiçagem, que, no início do século XX, era uma proposta política biologizante e aniquiladora, parece ter sido apropriada e "deglutida" pelas identidades hifenizadas do novo mundo, fomentando uma produção cultural que, por sua vez, se mostrou uma saída criativa de inclusão política, inserção social e pertencimento étnico. Se a abolição colocou a pergunta de como formar uma nação e uma identidade nacional com tantas diferenças, as culturas em diáspora – que têm resistido à opressão e conquistado novos territórios – indicam o movimento de apropriação das opressões e misturas que afirmam e dão significado à existência dos homens pobres como sujeitos históricos. Enquanto a pluralidade e o mestiço representaram uma ameaça para a elite e um obstáculo para o destino do país, o hibridismo cultural e étnico-social vem representando importantes processos de transculturação entre os povos.

Nesse sentido, é preciso observar que foi em meio a tal cenário bastante desfavorável, mesmo árido e doloroso, que se forjaram, ao lado dos deslocamentos migratórios, outras formas de resistência. Formas essas de natureza cultural, muitas delas bastante criativas, cujas misturas foram designadas por alguns autores como hibridismos culturais. Por cultura híbrida entende-se o resultado dos encontros de diferentes culturas, que, no caso do sertão nordestino brasileiro, propiciaram vínculos de sociabilidade fundamentais para a reorganização dessa população nas diferentes situações sociais a que foi compelida a viver. Trata-se de um processo de contato entre formas diversas de fazer cultura (linguagem, culinária, arte, dança, música etc.) que, quando combinadas, geram novas modalidades de expressão cultural. Ao contrário de reaver o que se perdeu (como puro culto da tradição), observa-se a apropriação do novo e sua combinação com os próprios elementos locais e regionais.

O mesmo acontece com o conceito de hibridismo cultural, que desloca o sentido biológico de esterilidade para o de vitalidade dotado de uma polissemia cultural. Os intercâmbios entre as sociedades, os relatos de misturas e outros fatores importantes de encontros e fusões não representam uma novidade para a história da humanidade. Contudo, o percurso conceitual necessário para chegar à configuração de hibridismo – como comunicação, tradução e fusão – é extenso e passa por alguns debates político-ideológicos. No início do século XX, sociólogos estadunidenses[53] definiam o híbrido como patológico. No campo do imaginário sociológico nacional, prevaleceu a ideia de que o Brasil era resultado de uma miscigenação tolerante e democrática. De acordo com essa perspectiva, a mestiçagem cultural seria um indicador de que a escravidão brasileira fora menos cruel que a estadunidense, por exemplo. A partir da década de 1960 e 1970, a crítica sociológica desvelou o objetivo político-ideológico de atenuar os horrores da escravidão. Florestan Fernandes desmistificou o

---

[53] Como Robert E. Park, um dos fundadores da Escola de Sociologia de Chicago.

mito da miscigenação, condenando os processos de desigualdade, violência e hierarquia por ele ocultado. Foram necessárias décadas de reelaboração teórica (sociológica, antropológica e psicológica) para que se tivesse uma nova compreensão a respeito da miscigenação, tendo a mistura e o hibridismo como conceitos.

Do ponto de vista da cultura, os estudos avançaram para uma compreensão que reconhece o misturar-se, o fusionar-se, o hibridar-se não como aculturação (como defendeu Alfredo Bosi[54]), mas como inovação, tradução, atualização e reinvenção.

Os estudos sobre hibridação modificaram o modo de falar sobre identidade, cultura, diferença, desigualdade, multiculturalismo e também sobre os pares organizadores dos conflitos nas ciências sociais: tradição-modernidade, norte-sul, local-global.[55]

A tentativa dessa nova concepção de cultura é de atribuir-lhe uma conotação ativa e dinâmica, conferindo um sentido de intencionalidade, e não de passividade, aos povos que sofreram essa mistura forçada nos campos étnico e social[56]. Assim, as proposições a respeito do hibridismo remetem a estudos fim do século XX que ressignificaram a concepção

---

[54] "Cultura brasileira e culturas brasileiras", em *Dialética da colonização* (São Paulo, Companhia das Letras, 2001).

[55] Néstor García Canclini, *Culturas híbridas: estratégias para entrar e sair da modernidade* (4. ed., São Paulo, Edusp, 2003), p. 17.

[56] Anthony John R. Rusell-Wood, "Através de um prisma africano: uma nova abordagem ao estudo da diáspora africana no Brasil colonial", cit.

dinâmica da história, passando a descrever processos interétnicos, referentes à descolonização, aos cruzamentos, às fronteiras e às fusões artísticas, literárias e de comunicação, assim como à própria globalização, mediante categorias sincréticas como inseminação, fecundação dispersiva, disseminação desordenada etc.[57]

Estudos como os de Jacques Le Goff[58] sobre as raízes medievais da Europa apontam para o fato de que não há um local de origem ou pureza no campo cultural, uma vez que a cada aproximação com o suposto ponto de partida encontra-se um novo campo de ramificações e misturas. No hibridismo exprime-se o fim da lamentação pela perda da origem, da identidade fixa e da memória restauradora. Pratica-se a felicidade corsária e marronizada da mudança de conceitos, projetos, métodos, imagens, poesias, arquiteturas, etnias, aforismos. Na mudança, afirma-se a vontade de não repetir a ordem doméstica, a rançosa normalidade e a prevista solidez. A imprevisibilidade irregular pode ser afirmada com a mudança e com o mudar-se. O hibridismo – aliado a mais duas palavras-chave, "dialógica" e "polifonia" – é

> uma antropologia aplicada onde a mudança das coisas (os conceitos diários) hibrida-se com o mudar-se do sujeito que pesquisa, um sujeito que escolhe a diáspora e que expressa sua oposição nas construções de modelos

---

[57] Massimo Canevacci, *Sincretismos*, cit.

[58] Jacques Le Goff, *As raízes medievais da Europa* (Petrópolis, Vozes, 2007).

irredutíveis, de quilombos móveis, de identidades plurais, de etnicidades cruzadas.[59] Nessa direção, o Brasil pode ser entendido como um território de instabilidades e espaço de contatos com fusões plurais e infinitas, tradições e modernidades de diferentes povos – indígenas, africanos e europeus – que se intercalam mutuamente criando mosaicos móveis de confluências múltiplas.[60]

Numa obra estética de perfil híbrido, não há somente um elemento em questão, mas um leque efetivo de determinantes, referentes e configurações que funcionam de forma complexa. Por fundar-se na mistura e na multiplicidade, o objeto cultural híbrido implica ideias de fratura e deslocamento [...]. O híbrido é produto instável de uma mescla de elementos e tende a colocar em xeque as determinações teóricas unidirecionais feitas sobre ele. Não é resultado de um aspecto, nem se reduz ao que é único; mas tende a se mostrar por várias facetas, e cada uma delas concebidas por origens distintas e pouco delineadas. [...] Não expressa também, com muita definição, um manancial de origem, uma vez que seu nascedouro está no trânsito e na dinâmica das determinações.[61]

Essa concepção histórica de cultura é metodologicamente fundamental para repensar os processos socioculturais no mundo contemporâneo. Com base

---

[59] Massimo Canevacci, *Sincretismos*, cit., p. 10.
[60] Herom Vargas, *Hibridismos musicais de Chico Science & Nação Zumbi* (Cotia, Ateliê, 2007), p. 13.
[61] Ibidem, p. 20.

nesse conceito dinâmico e híbrido – que deixa de remeter a história a algo puro, com local de origem e/ou ponto de partida –, é possível olhar para as culturas juvenis fortemente atravessadas pelas rápidas mudanças que intercalam elementos culturais globalizados das novas tecnologias de informação e comunicação e elementos regionais do sertão nordestino.

É preciso salientar que o encontro com os Brasis, bastante plurais, possibilita uma reflexão sobre as diferentes formas como o hibridismo atravessou as diásporas brasileiras, propiciando, para os dias de hoje, uma intensa mescla de modelos de representação dos mais diversos. Como resultado da diáspora dolorosa que desabrigou e desterritorializou milhões de seres humanos, envolvendo africanos, europeus e asiáticos, tem-se, no presente, um cenário produtivo em que tudo pode ser contaminado, deglutido e entrelaçado.

O outro lado da diáspora a ser observado é a produção e a criatividade expressas por meio dos hibridismos culturais. Uma diáspora marcada não mais pela perda, pela erradicação violenta ou pelo domínio etnocêntrico, mas contra a esterilidade de uma condição imóvel e a miséria de uma identidade estável e protegida, que nos acompanha a vida toda como um seguro de vida ou uma impressão digital.

Diáspora como escolha, como necessidade de trânsito, de transposição de fronteiras interiores e exteriores. Diáspora contra as fronteiras. Diáspora como desejo de automodificação nos próprios e alheios espaços psicogeográficos.[62]

---
[62] Massimo Canevacci, *Sincretismos*, cit., p. 7.

2.
Hibridismos poético-musicais e étnico-sociais

Uma viagem à poesia popular do sertão nordestino

A veia poética dos alunos da escola pesquisada, suas histórias e ascendências despertaram uma curiosidade. Apesar de ter algum conhecimento da literatura de cordel, dos repentes, da cantoria de viola e do coco de embolada, faltava-me uma visita ao sertão pernambucano, em especial à atual aldeia Pankararu, localizada no antigo território do Brejo dos Padres. Assim, planejei uma viagem etnográfica[1] à poesia

---

[1] A pesquisa teve início em janeiro de 2008 e contou com um levantamento de documentos, participação em festas populares e oficinas, vivências comunitárias, estudos e entrevistas, além de diálogos com professores, músicos, poetas, estudiosos, repentistas e lideranças comunitárias. Os rituais, conversas, festas populares e cerimônias ocorridos durante a viagem foram filmados e editados em pequenos vídeos etnográficos, disponíveis em <www.youtube.com/mairasoaresferreira>. É importante esclarecer que tais imagens não tinham a pretensão de uma edição posterior, mas sim de registro do trabalho de campo, viabilizando os estudos e as consultas. Daí sua baixa qualidade técnica.

popular do sertão nordestino, delimitando a busca à observação das culturas do povo sertanejo pernambucano e da presença e história da poesia popular – em especial, o cordel e o improviso poético dos repentes e suas possíveis relações com a cultura juvenil do rap. Para narrar a viagem em forma textual, utilizei os escritos de meu diário de campo, reflexões propiciadas tanto pela realidade vivida quanto pelos textos coletados ao longo da pesquisa de campo. Como disse Mário de Andrade a propósito de uma viagem ao Nordeste, no fim de 1928 e início de 1929:

> o confessional do diário e o referencial pertencente ao dado de viagem, embora filtrados pela arte, ainda permanecem com elementos do real, dado o hibridismo do gênero, mas a seu lado, firme, intromete-se a ficção.[2]

Esse trecho do diário de Mário de Andrade aponta para um gênero literário híbrido, que se propõe misturar literatura e documento histórico. Quando escrevi o presente relato, inspirei-me nessa forma narrativa. Meu diário de campo não foi pautado por uma escrita acadêmica, tampouco poético-literária, mas sim por uma escrita livre, inspirada nas imagens e sensações que a viagem despertou. Ao mesmo tempo que tal escrita talvez caracterize a singularidade e a autenticidade de um diário, também escapa da formalidade de uma pesquisa que busca conhecer e documentar a poesia e a região onde nasceu. Identificada com o trabalho de Mário de Andrade, essa etnografia não poderia se caracterizar pela densa descrição de um espaço, um grupo e suas manifestações, pois teve, ao contrário, "a missão de fixar o presente",

---

[2] Mário de Andrade, *O turista aprendiz*, cit., p. 31.

tarefa que, segundo o autor, "deve ser cumprida em tempo breve".

O espírito cronista e o cronograma denso fizeram com que eu apenas apresentasse dados e impressões aparentes sobre a região percorrida. No diário, como na memória, está o cronista, que pode ater-se ao relato de um presente histórico, visando à objetividade e mesmo à documentação.

Mas, ao mesmo tempo, ele pode desempenhar o papel de cronista de si mesmo, de seu tempo, ele pode desempenhar seus sentimentos e suas emoções, muitas vezes vendo sua experiência do cotidiano como narrativa e trabalhando-a como tal (ficcionista).[3]

Por fim, meu diário de campo e a presente escrita se personalizaram como uma narrativa de viagem, cujo relato se inicia no estado de Alagoas.

Viajei direto de São Paulo para Maceió, de onde comecei a descer rumo a Sergipe. A caminho da primeira parada, entrevistei duas pessoas: um coronel, fazendeiro e proprietário de terras em Água Branca (AL); e o superintendente do Instituto do Patrimônio Histórico e Artístico Nacional (Iphan), também de Alagoas. Foram conversas importantes. A primeira deu início às reflexões sobre o monopólio de terras no sertão e a presença da mentalidade escravocrata na formação do Brasil moderno (mentalidade essa expressa, por exemplo, em falas preconceituosas e atitudes discriminatórias). A segunda problematizou questões referentes à memória, à lamentação pela perda da origem e às mudanças, transformações, possibilidades e limitações de uma suposta preservação do passado.

---

[3] Ibidem, p. 39.

Em seguida, na Festa do Bom Jesus dos Navegantes, em Penedo – uma linda cidade à beira do rio São Francisco, popularmente conhecido como Velho Chico –, teve início meu contato com as festas populares e religiosas do Nordeste. Houve uma procissão que partiu de uma solenidade na igreja central, seguiu pelas ruas da cidade com a imagem de Bom Jesus dos Navegantes e retornou à mesma igreja após um longo círio fluvial acompanhado de pequenos barcos. Em um grande palco localizado no fim da avenida principal, cheia de arquibancadas, houve a apresentação de grupos musicais do ritmo arrocha[4]. No coreto de uma pequena praça da cidade, assisti às apresentações de bandas de pífaros, que, segundo moradores, têm o costume de se desafiar, estabelecendo um tipo de competição que estimula o ensaio ao longo do ano.

Havia nas ruas diferentes manifestações populares conhecidas como danças dramáticas: chegança[5],

---

[4] Arrochar significa apertar e comprimir. Trata-se de um ritmo musical criado recentemente em Candeias, no Recôncavo Baiano. O movimento apareceu para remodelar ritmos antigos e emprestar nova roupagem ao brega, à seresta e ao estilo mais antigo, o romântico.

[5] Auto marítimo de Alagoas que apresenta proximidades com as mouriscadas da Península Ibérica e as danças mouriscas da Europa. Afirma-se que essa tradição ibérica chegou ao Brasil com a colonização, mas foi assimilada e adaptada pelo povo nordestino. Trata-se de lutas marítimas entre mouros e cristãos. Quase todo o bailado e cantado realizam-se em uma barca armada especialmente para esse fim. Os participantes caracterizam-se conforme seus postos e patentes: almirante, capitão de mar e guerra, mestre piloto, mestre patrão, padre capelão, doutor cirurgião, oficiais inferiores, marujos e, na última parte do auto, o embaixador, os guerreiros e o rei mouro.

pastoril[6], reisado[7] e guerreiro[8], entre outras. São representações feitas pelas ruas, sem parada, com o

---

[6] De descendência lusitana, o pastoril reproduz peças natalinas defronte de presépios ou em tablados armados. É um folguedo de Natal bastante popular e difundido nos folclores do Nordeste. Trata-se de uma fragmentação do presépio, sem os textos declamados, constituído apenas por jornadas soltas, canções e danças religiosas ou profanas, de variados estilos e épocas, sem qualquer ordem ou sequência lógica. Apenas a jornada inicial – o Boa Noite – e a final – a Despedida – obedecem a essa ordem, sendo as demais geralmente sobre o nascimento de Jesus ou disputas entre os dois cordões de livre criação do grupo.

[7] Auto popular religioso formado por diversos grupos de músicos, cantores e dançadores que apresentam vários episódios, tais como o Pedido de Abrição de Porta, Louvações e Marchas de Entrada, Ceia e Despedida, entre outras representações dramáticas denominadas de entremeios, além de danças cantadas chamadas de peças e partes declamadas conhecidas como embaixadas ou chamadas de rei. Além de ter influências portuguesas, essa manifestação misturou-se com o auto dos congos ou rei dos congos. É similar ao vasto ciclo de folguedos derivados das janeiras e reis espalhados pelo folclore brasileiro.

[8] Característico de Alagoas, o guerreiro nasceu da mistura do reisado, do auto dos caboclinhos, da chegança e do pastoril, guardando com o primeiro uma grande semelhança, quebrada apenas pelo traje e pelo maior número de figurantes e episódios. Trata-se de uma sequência de cantigas dançadas por um conjunto de bailarinos paramentados com vestimentas multicoloridas, imitando antigos trajes da nobreza colonial. A vestimenta chama a atenção nesse folguedo. As sedas, o brocado e os metais e pedras preciosas são substituídos, de acordo com o gosto e a possibilidade econômica do povo, por fitas, espelhos, enfeites de árvore de Natal, contas coloridas, diademas e coroas de imitação.

acompanhamento de poesias, improvisos e cantos. Sobre tais manifestações:

> Está claro que não se trata duma obra de arte perfeita como técnica, porém desde muito já percebi o ridículo e a vacuidade da perfeição. Postas em foco inda mais, pela monotonia e vulgaridade do conjunto, surgem coisas dum valor sublime que me comovem até à exaltação. Todas estas danças dramáticas inda permanecidas tão vivas na parte norte e nordeste do país andam muito misturadas, umas trazem elementos de outras, influências novas penetram nelas...[9]

As danças dramáticas nascidas do ciclo de festas religiosas católicas têm existência teimosa no Brasil, sobrevivendo às guerras dos letrados, administradores e outros incomodados com a resistência popular dessas manifestações, que "insistem em rememorar um passado a estes digno de esquecimento"[10]. Estudos apontam para o elemento lusitano que, aqui chegado, viveu uma convergência com os fatores africanos e indígenas, tornando-se brasileiro, ou melhor, afro-indígena-luso-brasileiro.

A proximidade com o hibridismo cultural nordestino – explicitado nas origens de cada uma das danças citadas – levou-me à primeira revisão da viagem. O convite era deixar entrar novas concepções de arte e cultura. Uma etnografia, sempre crescente, empurra os horizontes da certeza quando é constantemente alimentada pela riqueza do depoimento pessoal.

---

[9] Mário de Andrade, *O turista aprendiz*, p. 210.

[10] Luís da Câmara Cascudo, *Literatura oral no Brasil* (São Paulo, Global, 2006), p. 50.

A literatura oral brasileira é composta por muitos elementos trazidos pelas etnias indígenas, africanas e portuguesas, que possuem cantos, danças, estórias, lembranças guerreiras, mitos, cantigas de embalar, anedotas, poetas e cantores profissionais. Em contraposição ao grande contingente de estudos culturais portugueses, o registro escrito das culturas indígena e africana é bastante menor. Isso também se deve às diferenças entre uma tradição oral e outra escrita; no entanto, nem por isso pode-se deixar de observar a participação igualmente ativa dessas misturas, combinações e recriações na cultura popular brasileira.

Espalhou, pelas águas indígenas e negras, não (apenas) o óleo de uma sabedoria, mas a canalização de outras águas, impetuosas e revoltas, onde havia a fidelidade aos elementos árabes, negros, castelhanos, galegos, provençais [...]. Todas essas influências, pesquisadas, somem-se num escurão de séculos, através de povos e civilizações, num enovelado alucinante de convergências, coincidências, presenças, influências, persistências folclóricas.[11]

A cada geração, mais combinações e recombinações, apropriações e reapropriações, criações e recriações culturais surgem, e a tendência é multiplicarem-se. "O que era africano aparece sabido pelos gregos e citado numa epígrafe funerária."[12] De acordo com essa compreensão histórica e cultural, afirma-se que o canto e a dança no Brasil são águas de diferentes estuários, sendo possível observar algumas

---

[11] Ibidem, p. 28.
[12] Ibidem, p. 29.

manifestações cujas constantes se aproximam mais de um ou outro elemento.

Ainda na cidade de Penedo, realizei algumas entrevistas. O poeta pescador sr. Antônio contou da enfermidade do Velho Chico causada pelas várias hidrelétricas construídas e explicou que, por isso, não há mais cantigas e cantos de trabalho. Quando o ofício se esgota, a poesia perece. As lavadeiras do Velho Chico cantavam durante o trabalho, improvisavam poesias sobre os pássaros e peixes que ali viviam – "mas hoje são poucos os animais do rio, os que não morreram estão vivendo muito mal".

Cantos de trabalho são poesias e cantigas criadas com base nos ofícios de cada um, ou seja, são inspiradas pelo labor. "O vento canta, os passarinhos, a gente do povo passando. O homem que leva e traz as vacas daqui de perto, não trabalha sem aboiar..."[13] Para Cascudo, a influência africana sobressai-se na valorização rítmica, nos "vocábulos, flexões de sintaxe e dicção que influenciaram a conformação da linha melódica"[14] presente nesses cantos.

Passados alguns dias, atravessei para a outra margem do rio e entrei em Sergipe. A visita seguinte

---

[13] Mário de Andrade, *O turista aprendiz*, cit., p. 204. Em uma entrevista que será retomada mais adiante, o repentista Alan Miraestes, de São José do Egito (PE), explicou que o canto de trabalho conhecido como aboio é o cantarolar do vaqueiro que vai chamar o gado. Com sua voz, o gado sabe que é momento de beber e comer. O vaqueiro começa a improvisar, conversa com a natureza a respeito de seu dia, trabalho, família, amada e filhos que estão em casa lhe esperando.

[14] Luís da Câmara Cascudo, *Literatura oral no Brasil*, cit., p. 29.

foi à Festa de Santos Reis, em Japaratuba, que naquele ano homenageou o bispo Santo do Rosário. Pouco antes da festa, nessa mesma cidade, participei de uma oficina de cordel e repente oferecida pela prefeitura como parte da programação cultural da comemoração. Sobre o movimento oratório dessas manifestações, os portugueses fixaram o tonalismo harmônico, deram a quadratura estrófica, o mensuralismo da estrofe poética e a quadratura da melodia, a síncopa e os instrumentos musicais de cordas, os arcos, a flauta, os pianos, um dilúvio de textos, as formas poético-líricas e o acalanto. Chamada de cordel em Portugal, a literatura popular recebeu o nome de *colportage* na França. Muitos estudos procuraram explicar se esses folhetos do século XV vieram do povo ou foram incluídos pela leitura na oralidade anônima. Ou seja, se os temas eram de inspiração popular ou resultado de um trabalho individual e/ou de uma imprensa editorial. O que se tem é que os folhetos eram reimpressos, espalhando-se pela Espanha, França, Portugal e, posteriormente, com a expedição do século XVI, Brasil. Em suma, essa literatura oral participa do que poderíamos chamar de "despersonalização racial, recebendo, com indiferença democrática, os elementos vários, mental, racial, cultural, ambiental, rítmico"[15]. O folheto de cordel brasileiro não se estratificou na forma nem se fixou no ritmo ibérico ou francês; pelo contrário, criou algo próprio, comunitário, político e local.

Quanto à festa de Japaratuba, esta aconteceu em dois polos da cidade, um com um grande palco

---

[15] Ibidem, p. 46.

tocando o ritmo arrocha e outro, na praça central, com barracas de artesanato, comida e apresentação dos grupos populares e tradicionais da cidade e arredores. Havia grupos de cacumbi[16], maculelê[17], hip-hop, teatro, reisados, orquestra sanfônica (composta por sanfonas), entre outros. Foi importante observar a presença de muitos jovens, tanto da cidade quanto das comunidades rurais e quilombolas da região, cantando, dançando, denunciando o preconceito por meio das letras das músicas[18] e

---

[16] Uma dança dramática afro-brasileira que conjuga influências da cultura africana com a europeia católica. As vestes são compostas por calças e batas brancas com transpasse de fitas coloridas; na cabeça, põe-se um lenço branco enfeitado de flores e fitas longas de várias cores. A dramatização do auto é simples: dois reis afros (Bamba e Congo) querem fazer, cada qual e separadamente, a festa de São Benedito. Há embaixadas de parte a parte, com desafios atrevidos, declamados pelos secretários que servem de embaixadores. Por não ser possível qualquer acordo ou conciliação, travam-se as guerras de luta bailada entre as duas hostes rivais.

[17] Maculelê é um bailado guerreiro afro-indígena, composto por dançadores e cantadores, todos comandados por um mestre denominado macota. Os participantes usam bastões de madeira que são batidos uns nos outros, em ritmo forte e compassado. Essas pancadas presidem toda a dança, funcionando como marcadores do pulso musical. Os instrumentos utilizados são atabaques, pandeiros e, às vezes, violas de doze cordas. As cantigas são puxadas pelo macota e respondidas pelo coro. Essa dança e música eram mais uma forma de luta contra os horrores da escravidão e do cativeiro.

[18] Chamo de denúncia, uma vez que entendo a conscientização não apenas como conhecimento ou reconhecimento, mas

mesclando ritmos tradicionais com as batidas do hip-hop.
Segui viagem para a capital de Sergipe, Aracaju. Cidade com um belo mercado municipal, onde cordelistas e repentistas de cantoria de viola se encontram. À noite, em uma feira no calçadão da praia, conversei com diferentes cordelistas e os mais diversos poetas repentistas: vaqueiros, aboiadores, coquistas, emboladores e cantadores de viola. Foram mais dois dias de entrevistas com todos esses poetas, dos cordelistas professores universitários aos cordelistas sertanejos sem diploma.

Um deles, Zé Antônio, contou que

> Na Universidade de Sorbonne, na França, a literatura de cordel faz parte da grade curricular, [enquanto] no Brasil o cordel não está nem na escola de ensino fundamental e médio, pense na universidade.

---

como opção, decisão e compromisso. Na pedagogia de Paulo Freire (*Pedagogia do oprimido*, São Paulo, Paz e Terra, 1987), o sentido mais exato da alfabetização é aprender a escrever a sua vida como autor e como testemunha de sua história, isto é, biografar-se, existenciar-se, historicizar-se. Assim, esses jovens que cantam, rimam e recriam suas experiências de preconceito e discriminação social participam da ambiguidade da condição humana, projetam-se na contínua recriação de um mundo que obstaculiza e provoca o esforço de superação liberadora da consciência humana. Em suma, primeiro tem-se o movimento interno de reconhecer e nomear a dor – por exemplo, de ser alvo do preconceito. Segundo, ao falar e compartilhar a experiência com o outro, o sujeito se reconhece como tal e, por isso, dá início à construção do processo histórico. Por fim, em terceira análise, temos os rumos possíveis desse processo.

Outros cordelistas falaram sobre as dificuldades da venda independente de cordéis e os impasses para publicá-los via editoras. Explicaram que, dentre todas as suas produções, apenas algumas foram compradas pelas editoras, e, quando isso ocorre, os direitos autorais do folheto passam a ser da empresa. Como pagamento, cada poeta fica com seiscentos exemplares da rodagem da primeira edição. Apesar da injustiça presente nesse cenário, os cordelistas explicam:

> A vantagem é ter os seiscentos exemplares para vender nas bancas, nas feiras. É muito difícil arcar com o custo inicial da impressão, e essa é a única forma de não arcar, de não tirar do dinheiro da comida.

A jornada para a próxima visita, sertão adentro, teve uma parada no norte da Bahia, na cidade de Paulo Afonso, local de saída para as diferentes localidades das redondezas. Antes de seguir para as terras indígenas Pankararu, onde a liderança espiritual e política dona Quitéria Binga me aguardava, entrevistei um estudioso do cangaço e da caatinga, João de Souza Lima. Foram interessantes conversas sobre os bandos de Lampião, os aldeamentos da região e a relação entre os cangaceiros e os indígenas da região de Paulo Afonso, hoje denominados de Pankararé.

Na chegada à aldeia Pankararu, familiares de dona Quitéria levaram-me até o local onde ela estava, longe da aldeia, onde passaria alguns dias em retiro com os filhos e netos. Foram três horas de viagem: uma de pau de arara, outra de caminhada até uma das beiras do rio São Francisco e outra remando em uma canoa. Encontrei dona Quitéria deitada em uma rede entre árvores, na beira do rio, com seus netos. Passei dois dias ali, dormindo em redes e esteiras, comendo manga-rosa, tomando água de coco, banhando-me no rio, fervendo café e feijão, vendo a lua deitar-se, o sol acordar e a avó conversar e cantar com seus netos, fumando campiô[19]. Penso que presenciei um momento importante da formação dessas crianças.

Muito próximo do local onde estávamos, poucos anos antes, havia uma cidade, a antiga Glória, atualmente submersa pelas águas represadas do Velho Chico. Navegando pelo rio com a canoa, foi possível ver partes da cidade afogada: paredes rosadas onde se lê "Grupo Escolar", uma cruz de ferro e placas de cimento dos túmulos do antigo cemitério, onde inclusive foram enterrados indígenas Pankararu.

Passados esses dias, voltamos à aldeia Pankararu – mais especificamente ao povoado Saco dos Barros, onde moram dona Quitéria e sua família. A aldeia, com seus sete diferentes povoados, fica em uma região muito bonita, porém bastante seca e quente, entre as montanhas da serra da Borborema. Nas terras Pankararu, a prefeitura não faz a coleta do lixo, motivo pelo qual a comunidade queima os resíduos. O que sobra é misturado à terra com os galhos e mato, criando um cenário bastante árido.

> Antes que puro, límpido, transparente, este lugar pareceu-me como que atravessado por correntezas múltiplas, entre si sedutoramente diversas, cheias de sorvedouros acelerados e represas enormes, de afluentes desviantes e secas repentinas.[20]

As entrevistas, a culinária, os rituais, as conversas, enfim, a convivência comunitária nessa aldeia

---

[19] Cachimbo indígena com tabaco e ervas.
[20] Massimo Canevacci, *Sincretismos*, cit., p. 7.

foi bastante significativa para toda a pesquisa. Foi um tempo propício para decantar muito do que eu havia conhecido até ali. Hospedei-me no terreiro de dona Quitéria e sua família. Em uma tarde quente, enquanto um de seus netos fazia o praiá[21] e outro o campiô, dona Quitéria falou sobre os jovens que foram embora para São Paulo:

Aqui tem muito o que ser feito, muito trabalho. Só recebemos um caminhão-pipa de água por mês. A casa da farinha precisa ser reativada. As bolsas para os professores, os agentes da saúde, o chefe do posto foram conquistadas, mas temos outras para lutar e reivindicar. Não temos a coleta de lixo. Estamos perdendo nossa língua, nosso idioma étnico. Poucos sabem fazer nossas ervas medicinais.

É importante salientar a participação maciça dos netos de dona Quitéria nas diferentes atividades da aldeia. Enquanto alguns deles contavam histórias da aldeia, jovens de outros povoados reclamavam da "falta do que fazer, da falta de futuro". Falavam da pouca expectativa que têm para sua vida e expressavam grandes sonhos e fantasias com uma possível vinda para São Paulo. Ao mesmo tempo que ouvia a queixa desses jovens, pensava na diferença entre eles, refletia sobre o papel das tradições e transmissões e rememorava o retiro de dona Quitéria e sua família na beira do rio São Francisco.

Em uma tarde, fugindo do sol, depois do almoço, estirei-me perto dos netos de dona Quitéria nas redes debaixo das árvores. Ali, passei o tempo lendo

---

[21] Roupa do encantado, utilizada nas cerimônias para as entidades, feita da palha croá.

os folhetos de cordel que levava na bagagem. Esse lazer levou-nos à escrita de um folheto de versos que, quando terminado, foi intitulado pelos jovens Irayane e Allison *O povo Pankararu*. Sobre o conteúdo, vale salientar a expressão de uma consciência histórica por parte dos jovens quando versam sobre a aldeia, a cultura, o passado, a memória e as mudanças.

Onde nós moramos
Tem riqueza de montão
Aqui em Pankararu
Vivemos de tradição
Tem Quitéria Binga
Lutando por sua nação

A nossa obrigação
É dançar o toré
Tem o espaço, que
Batemos com o pé
O menino do rancho
Dançamos com fé

A cultura do coité
Tem três funções
Curar as doenças
Dos nossos corações
Matando toda a sede
Com a ajuda dos riachões

Das realizações
Se faz o maracá
Com coco ou coité
Balançado pela praia
O cantador chama
Dizendo vamos lá

Venha para cá
Assistir com atenção
A puxada do cipó
Dança do cansanção
Não esquecendo que
Olhamos com atenção

Ao ouvir cada canção
Ao fumar o campiô
Lembramos dos irmãos
Da aldeia fulni-ô
Na serra encantada
Vamos olhar a Leonor

Não esquecendo do aiô
Da antiga cachoeira
Que era um paraíso
Com muita mangueira
Agora é uma represa
Deixando choradeira

Na cabeça da ladeira
Fica a Serrinha
Morando mestre-Guia
Lugar de muita pinha
Quem não vier tem que ver
Perto da lagoinha

Tente! Adivinha!
O flechamento do umbu
Significa muita coisa
Aqui em Pankararu
Também tem remédio
Que se faz com andu

E o rabo do tatu

Que também são da terra
Eles saem do nascente
Filhos do pé da serra
Somos todos como eles
Mas por aqui vamos encerrar

Podemos também errar
Mas ainda concertar
Somos guerreiros fiéis
Na tribo vamos morar
Nós perdemos a língua
Mas podemos resgatar

O tempo pode ajudar!
Com a cabeça erguida
Vamos nos abençoando
O caminho, a guia
A terra é nossa mãe
O futuro aí está

Encantados vão ficar
No grande terreiro
Do mal proteger e cuidar
Ao bem Guerreiro
Com amor e união
O santo padroeiro

Aqui tem muito coqueiro
Vamos tentar aproveitar
Convidando a todos
Para da Natureza cuidar
Pra ter coco de montão
E assim nos alimentar

Na bica da Camila
Corre água todo dia

O povo sacia a sede
Com muita alegria
É uma História real
Que só nos contagia

Parece até uma sinfonia
Quando cai no chão
O barulho d'água
Também forma a união
Fazendo a nossa roda
Sempre cheia de gratidão

Não deixando na solidão
Vamos todos valorizar
O nosso maior patrimônio
Para nunca se acabar
Tem vários tipos de tradição
Todas devem continuar

Vamos todos colaborar
Plantando mais árvores
Para nunca vir a seca
Aqui tem trabalhadores
Que alimentam seus filhos
E que são seus defensores

A bica tem muitas cores
E atrás muita riqueza
O povo Pankararu
Fonte de vida e riqueza
Foi o pai da criação
Que fez toda a natureza

Onde tem muita beleza
Essa fonte de alimento
Pois é uma bica divina

Que dá nosso sustento
Da Natureza sagrada
Estamos satisfeitos

Na terra que dá bom fruto
Nas montanhas mais altas
Na beleza sem fim
Segredos em nossas matas
Onde vêm tantas águas
Onde tem coisas secretas

Vamos ser realistas
Com muita compreensão
Não jogando lixo na bica
Não pratique tamanha ação
Faça o que é decente
Reflita com atenção

Tome outra decisão
Que nossa bica está sentindo
Em seu leito aparecendo
As águas diminuindo
A bica chama chorando
E ela implora pedindo

Pode acabar sumindo
Da água e do alimento
A carência nos consome
Ela nos dá todo o sustento
A água nos mata a sede
E dá o conhecimento

Ela tem procedimento
Com amor e felicidade
A nossa maior realeza
Que traz tranquilidade

Foi feita com carinho
Pelo pai da humanidade
É essa a realidade
Quando ela sai da nascente
Passa entre as serras
Você fica bem contente
Vendo a água no chão
Vamos ser coerentes

Nós não somos videntes
Pode vir e se acabar
Não vamos ser egoístas
Vamos todos ajudar
Pensando no futuro
Para ele continuar

Vamos todos mostrar
Que estamos nos unindo
Não deixar a bica morrer
Não deixar ela sentindo
Vamos todos dar valor
Não deixando ela fugindo

Temos a nossa igreja
Temos o nosso irmão
Por ele nós lutamos
E pela nossa nação
Com nossos encantados
E nossa tradição

Durante conversas sobre educação, uma professora indígena mostrou as diferenças entre o estudo escolar e a educação pela tradição do terreiro. "Há pouco tempo, os professores daqui eram brancos. Nosso currículo não era diferenciado. Conquistamos tudo isso." Nas entrevistas[22] foi contada a história dessa luta, que teve início com uma creche que dona Quitéria organizou em seu terreiro, anos antes de minha visita. Os educadores indígenas mencionaram alguns projetos escolares e explicaram como articulam a educação (formação) cultural do aluno Pankararu com os estudos sistematizados e universais da cultura escolar. Tais conversas foram bastante importantes para o desenrolar da viagem. Como o Pajé falecera naquela tarde, a entrevista na escola terminou com um ritual no terreiro e uma celebração religiosa na igreja católica do município. O rito do enterro foi um cortejo que começou na aldeia e terminou na cidade. As rezadeiras e os praiás acompanharam e representaram os Pankararu no presbitério da igreja onde o padre rezou a missa para toda a população, levando em consideração o luto indígena. Foi bastante intrigante observar esse hibridismo religioso. "O nordeste, de Pernambuco ao Rio Grande do Norte pelo menos, é a zona em que as influências étnicas se misturam. Palavras, deuses, práticas se trançam."[23]

Por fim, ainda entre os Pankararu, em meio a danças, cantos, cerimônias e batizados, (re)encontrei a manifestação do reisado, antes apreciado nas ruas de Penedo (AL) e na festa de Japaratuba (SE)[24]. Com todas essas intersecções, não pude deixar de

---

[22] Editadas no vídeo "Educação Pankararu", disponível em <http://is.gd/pankararu>.

[23] Mário de Andrade, *O turista aprendiz*, cit., p. 216.

[24] O citado vídeo "Educação Pankararu" termina ao som do reisado cantado e dançado em uma noite no terreiro da família de dona Quitéria.

notar, uma vez mais, as misturas no cenário cultural brasileiro. Os encontros e as apropriações culturais são contínuos e infinitos.

Não há um limite intransponível. Posições típicas de uma dança passam para outra, levadas por um dançarino mais entusiasta ou pelo esquecimento de regras do baile em questão. [...] sempre há elementos de uma dança vivendo noutras.[25]

Voltei à estrada, pensando nesse Nordeste afro--indígena sertanejo por mim nunca antes conhecido. Perto da divisa com a Paraíba, visitei o vale do Pajeú, no sertão pernambucano. Um fato marcante desse percurso rumo ao norte é que a presença da água foi, de fato, tornando-se escassa. Segundo o Instituto Brasileiro de Geografia e Estatística (IBGE), o rio Pajeú nasce na serra da Balança, no município de Brejinho, próximo à divisa entre os estados da Paraíba e de Pernambuco, e é um dos afluentes do rio São Francisco. Todavia, ao chegar à cidade de São José do Egito (PE), no lugar do rio havia apenas seca. Sobre a "cegueira insuportável deste solão", "Deus me livre de negar resistência a este nordestino resistente"[26].

O nordestino é prolífico. Dez meses de seca anual. Não tem o que fazer, faz filho. Os mais fortes vão-se embora. Fica mas é a população mais velha, desfibrada pelo Sol, apalermada pela seca, ressequida, parada, vivendo porque o homem vive, acha meio de viver até aqui! Mas fica porque... meu Deus! [...] Os filhos par-

---

[25] Luís da Câmara Cascudo, *Literatura oral no Brasil*, cit., p. 47.
[26] Mário de Andrade, *O turista aprendiz*, cit., p. 264.

tem. Um melhorzinho diz que mandou 800 mil-réis pra família. Outro mais piedoso voltou. Mas foi pra levar não sei quantos. E lá se foram todos pra S. Paulo, pra Goiás, pra Mato Grosso.[27]

Andando por São José do Egito, lendo e ouvindo muita poesia, saltou aos olhos a intrínseca relação entre a seca, a saudade e a poesia. Foram muitos os versos decorados e improvisados.

[...] a emigração para São Paulo está grassando. Centenas de homens, do dia pra noite, resolvem partir. Partem, sem se despedir, sem contar pra ninguém, partem buscando o eldorado falso que nenhum deles sabe o que é. Vão-se embora rumando pra sul [...]. E isso floresce em poemas de dor...[28]

Vinícius Gregório, um jovem nascido em São José do Egito, foi estudar em Recife quando completou 14 anos. Com a partida, escreveu sua primeira poesia – um decassílabo intitulado "Saudade":

A saudade é um urubu violento
Pouco a pouco, sem dó nem compaixão
Vai comendo seu pobre coração
Vai abrindo em seu ego um ferimento
Urubu que traz tanto sofrimento
Que provoca em você uma tortura
Que abala qualquer uma estrutura
E lhe dá mil razões para chorar
Mas ainda lhe inspira a versejar
Só o que vejo de bom nesta amargura

---

[27] Idem.

[28] Ibidem, p. 212.

Outro poeta da cidade, o repentista Alan Miraestes, conta sobre as circunstâncias em que escreveu sua primeira poesia:

Meu irmão Pirralha me ensinou as regras do soneto: dois tercetos e dois quartetos. Guardei comigo achando que nunca iria usar, pois gostava mesmo era de glosar na escola com os amigos, e não de fazer poesia de gabinete [...], mas quando minha namorada foi para São Paulo e tempos depois eu recebi a notícia de que ela iria se casar eu escrevi meu primeiro soneto e entendi que não havia escrito um ainda porque não tinha tido um sentimento maior.

Ei-lo:

Construí um castelo imaginário
Sobre a ausência daquela que amei
Em seus braços afago derramei

Relembrando tal qual um relicário
Tempo passa e me sinto solitário
Afogando as imagens que guardei

Ao montar sentimento retomei
Ao pensar num passado tão lendário
Eu só peço ao destino com paixão
Que me ensine a maneira da razão

Sem a taxa tão alta do sofrer
Evitando amarguras amorosas
E vencendo batalhas aspirosas
Na complexa tortura do querer

Alan Miraestes conta que tem o costume de declamar poesias para seu filho. Diz que seu papel é ensiná-lo a admirar a arte, enquanto o da escola é ensinar as métricas e o da vida inspirar-lhe para a escrita artística. Os moradores de São José do Egito nomearam sua cidade a capital da poesia. Dizem que ali "quem não é poeta é louco, e quem é louco faz poesia"[29]. A cidade compõe uma área fronteiriça entre três estados conhecida como Tríade Poética. A disputa literária entre Serra de Teixeira (PB), vale do Pajeú (PE) e vale do Seridó (RN) é intensa. Como não conheci as demais regiões e suas cidades, falarei apenas das poesias declamadas na capital da poesia.

A primeira pessoa a me receber em São José do Egito foi o poeta e secretário de Cultura, Neném Patriota. Após uma aula sobre a poesia da região, ofereceu-me o contato de muitos poetas da cidade. Passei alguns dias envolvida em entrevistas, histórias e declamações, todas filmadas em uma sala na prefeitura. Entrevistei repentistas, cordelistas, poetas livres e de gabinete, poetas professores, poetas diretores de escolas, poetas jovens, senhores, crianças – enfim, poetas de todas as idades e profissões. Vinícius Gregório, jovem prodigioso, conta que, embora sempre tenha ouvido seu pai declamar na varanda, foi o aprendizado na escola que o instruiu a escrever. Disse também que foi com a poesia abaixo que apareceu como poeta para sua cidade:

Minha droga é a Poesia!

Poesia é bom demais!
Poesia é o meu conceito.
Pra mim o mal só tem jeito

---

[29] Ditado popular da cidade de autoria de Neném Patriota, então secretário de Cultura do município.

Quando o real se desfaz
E, num "lapidar", se faz
Um majestoso repente,
Que encanta qualquer vivente
Dotado de sentimento.
É na Poesia o momento
Que a dor não se faz presente.

É como se a Poesia
Fosse a minha Nicotina,
Meu Ópio, minha Heroína,
Meu Êxtase em demasia...
Ela é quem me fantasia
E quem traça meus traçados.
Através dos meus rimados
Me liberto desse mundo
Pra cair num mar profundo
De Lindos Sonhos Dourados.

Sou viciado em Poesia,
Disso eu tenho consciência.
Chega a dar abstinência
Se ela me falta algum dia...
Pra voltar minha alegria,
Basta eu tomar outra dose.
Venha comigo, se entrose!
Prove da minha Heroína!
Pois, dessa droga divina,
Quero morrer de overdose.

Quem prova minha bebida
Sente o gosto do Sertão
E escuta o som do trovão
Mesmo em terra ressequida.
Venha que eu te dou guarida!

Vamos viajar sem prumo,
Sem consequência, sem rumo...
Sem medo de ter cirrose.
Te encosta, toma outra dose
Dessa droga que eu consumo.

Mas se tu achas nocivo
Esse vício que me enlaça
Então fuja da fumaça
Que o efeito é corrosivo.
Feito um fumante passivo,
Vás ter um vício profundo.
E, nesse mesmo segundo,
Se queres uma tragada,
Podes tragar, camarada,
Tem verso pra todo mundo!

Yago Tallys, um garoto de dez anos, é considerado uma precocidade poética. Contou que gosta de poesia desde os seis anos de idade e que recentemente subiu ao palco pela primeira vez. O pequeno grande poeta da cidade relatou que ouvia muitas histórias e poesias de seu avô, falecido havia três anos, e que agora quem compra os livros, declama e conta "as histórias do mundo que não conheceu" é seu pai. Yago falou que na sua classe há colegas que também gostam de poesia e, no intervalo, pedem para ele declamar. Declamou uma poesia de um jovem colega, Antônio Marinho[30], intitulada "Decreto batendo martelo":

---

[30] Este jovem é filho da poetisa Bia Marinho, neto do poeta Lourival Batista e bisneto do grande poeta da cidade, Antônio Marinho. Interessante observar que a referência dada às relações de parentesco e de filiação se faz por meio da tradição poética.

Meus senhores de letras e de anéis
Por favor, me escutem um minuto
E observem um momento este matuto
Lá da terra das feiras de cordéis
Onde a voz dos poetas menestréis
Tem a luz do improviso sobre-humano
Canta a Dor, a tristeza, o desengano
Mas também canta o belo, a alegria
Canta a noite com a lua, o sol com o dia
Nos dez pés de martelo alagoano

São José do Egito é sem igual
Terra mágica que encanta o Pajeú
No sertão que inspirou Zezé Lulu
E o frequente trocar de Lourival
De Cancão é a terra original
E de Jô o poeta mais humano
Que no pé de parede mano a mano
Foram todos uns grandes campeões
De um duelo ilustrado de emoções
Nos dez pés de martelo alagoano

Um decreto por nós foi assinado
Onde diz que quem nasce neste chão
Se não escreve ou improvisa algum quadrão
Tem que ter pelo menos decorado
Algum verso que foi improvisado
Por Marinho que foi nosso decano
Ou saber algo de Rogaciano
Pra se um dia um amor for pelos ares
Tomar uma dizendo *Se voltares*
Nos dez pés de martelo alagoano.

Em seguida, Yago declamou mais duas poesias de seu "poeta inspirador", Rogaciano Leite. A primeira foi mencionada no fim da poesia acima, "Se voltares".

Como sândalo humilde que perfuma
O ferro do machado que lhe corta,
Eu hei de ter minha alma sempre morta
Mas não me vingarei de coisa alguma.

Se voltares um dia à minha porta,
Tangida pela fome e pela bruma,
Em vez da ingratidão, que desconforta,
Terás um leito sobre um chão de pluma.

E em troca dos desgostos que me deste
Mais carinho terás do que tiveste,
E os meus beijos serão multiplicados.

Para os que voltam pelo amor vencidos,
A vingança maior dos ofendidos
É saber abraçar os humilhados.

Yago também declamou uma poesia de sua autoria, "Desilusão":

Um dia meu coração
Sentiu no fundo do peito
Uma dor sem solução
Que deixou meu sonho estreito
Achei minha paixão
Comprei um buquê de flores
Contratei cinco cantores
Que amor sem solução!
E o buquê de flores?
Jogou e pisou em cima
Aquela louca assassina
Desprezou os meus amores

Ao fim desse encontro surpresa na praça da cidade, Yago disse:

> Eu gosto muito da poesia, muito mesmo. A poesia diz como vou ser quando crescer, eu quero ser poeta. Dizem que Rogaciano era um grande jornalista e advogado do Brasil, pra mim ele é um grande poeta. O maior do Brasil, sendo assim pode ser o maior do mundo, pra mim a poesia está toda aqui. Tem quem não gosta e fala que é coisa de gente brega, mas para quem gosta é uma grande alegria. Minha mãe diz que sou parecido com um poeta que é apaixonado pela vida. As pessoas acham que ele gosta de alguém, mas ele tem uma doença bastante grave e por isso é apaixonado pela vida. Eu sou apaixonado pela vida, pela poesia e por outras coisas também. Na escola, não vejo a hora de chegar na 6ª série [7º ano] para aprender mais da poesia do sertão.

As escolas públicas e privadas de São José do Egito, assim como as universidades particulares da região, têm uma cadeira chamada literatura sertaneja[31]. Vinícius Gregório contou como foi ser aluno das aulas de poesia popular sertaneja:

> Dizem que os jovens não gostam de poesia, mas as poesias que eram levadas para nós tinham palavras que nem um adulto consegue entender, palavras que nem no dicionário acredito que existam. Para mim não pareciam poetas, mas matemáticos da palavra. Então quando o prof. Neném Patriota, também secretário de

---

[31] Ainda como incentivo por parte da prefeitura, há também iniciativas culturais mais pontuais, como semanas de estudos, festas universitárias, congressos e o evento mensal Quintal da Cantoria, que será discutido a seguir.

Cultura, nos ensinou dos poetas daqui, aí sim nós gostamos. Nós estávamos na 7ª e 8ª séries [8º e 9º anos] e queríamos viver o nosso mundo, entender a poesia daqui, cada um quer viver o seu mundo, claro!

Essa disciplina voltada para a cultura local retoma o debate a propósito do currículo escolar e dos desdobramentos da Lei 10.639/03, que estabelece a obrigatoriedade do ensino de história da África. O complemento atual dessa regulamentação é a Lei 11.465/08, que insere a obrigatoriedade do ensino da cultura e história indígena e afro-brasileira. Contudo, a experiência desses jovens aponta a relevância de uma tarefa ainda mais específica, a saber, o estudo que cada escola deve oferecer a respeito das raízes ancestrais de seus próprios alunos. No caso da escola de São Paulo onde realizei minha pesquisa, seria interessante que o estudo da cultura indígena e afro-brasileira passasse, por exemplo, pela especificidade desse passado recente dos alunos. Vale ressaltar que o educador brasileiro Paulo Freire já disse que um programa educacional só tem sentido quando o ponto de partida é a própria realidade do aluno.

Outro importante momento dessa etnografia foi o encontro com o senhor Zé Catota, de noventa anos. Conhecido como o grande poeta de mesa da cidade, disse não conhecer o banco escolar. As reuniões com os poetas de mesa ou de bancada de versos aconteciam na mesa do bar, com o intuito de conversar em poesia. Assim foi o depoimento do poeta: uma entrevista toda improvisada em versos e rimas.

Zé Catota narrou sua história de vida, contou da poesia sertaneja da região, mandou mensagens para os jovens alunos de São Paulo, falou da saudade e da velhice. Uma força inventiva incomparável. Apesar de um olhar profundo e triste, a voz do poeta permanecia quente e simpática. Assim iniciou o senhor, versando em sextilhas:

A senhora muito bem
Gostei muito da senhora
Não tenho com que lhe agradar
Mas faço estes versos agora
Pra ver se depois a alma
Na despedida não chora

Eu estou vivendo agora
Uma tristeza sem fim
Se vou dormir passo fome
Se como não me alimento
Enquanto há alegria pros outros
Pra mim há só sofrimento

O pão que eu me alimento
Hoje é somente saudade
Da gente da minha idade
Que levaram sem piedade

[...]

A minha felicidade
Muito depressa correu
Foi embora, não voltou
Desapareceu
Eu ia lhe perguntar:
– O que foi que aconteceu?

Mas nada disso me deu
Notícia de onde mora
Se vive, onde está

Eu fiquei aqui por fora
Com fé e como quem chora

[...]

A vida da poesia
É bonita e importante
Pra ouvir tem muita gente
Mas pra entender quem encante
No meio de três mil pessoas
Tendo três é bastante

A coisa mais importante
Que eu acho da poesia
Ninguém compra, ninguém vende
Ninguém dá nem negocia
É uma coisa encantada
Que nasce dentro da gente

Porque cada pessoa
Tem um mote diferente

[...]

Todo poeta é doente
Melancólico, pensativo
Dorme pouco, come menos
Desconheço o motivo

[...]

O veio contente é
Já uma coisa alugada
Mas deve viver chorando
Lembrando a época passada
Mas se conforma porque
Essa vida é emprestada

O poeta, ao falar da morte de seus familiares, declamou:

Depois da separação
Os ausentes se revoltam
Os daqui porque não vão
Os de lá porque não voltam

Zé Catota contou que iniciou o canto ainda bem novo, ao lado de um poeta mais velho, Pinto do Monteiro – outro grande repentista da Paraíba, parceiro de Lourival Batista, pernambucano de São José do Egito. Recordou e declamou versos em décimas feitos no improviso com esses poetas. Disse que um dos motes dado na hora pelo público foi "Pode olhar que tá gravado/ O nome de Ana Maria", que se referia ao fato recorrente de alguns pais deportarem as filhas quando não queriam que estas se casassem com um moço da cidade.

Os pais deportaram *ela*	A
Passei três anos sonh**ando**	B
Ainda tô esper**ando**	B
Confiando em Deus e n*ela*	A
Depois da ausência d*ela*	A
Escrevi no outro d<u>ia</u>	C
Num livro de poes<u>ia</u>	C
E se ainda não foi queimado	D
Pode olhar que tá gravado	D
O nome de Ana Mar<u>ia</u>	C
Se o nome da minha am*ada*	A
Escrevi com depress**ão**	B
Na palma da minha m**ão**	B
No cabo da minha enx*ada*	A

No cimento da calç*ada*   A
No fundo duma bac*ia*   C
Na casca da melanc*ia*   C
Mais grossa que o meu glossário   D
Pode olhar que tá gravado   D
O nome de Ana Mar*ia*   C

Em outro desafio, disseram a Zé Catota: "Velho é só o beijo da morte". O poeta respondeu:

Por ser moço e ser forte
Não critique de ninguém
O tempo corre e não para
A sua velhice vem
Que os homens velhos de agora
Foram crianças também

Em um pé de parede – desafio entre dois repentistas –, Zé Catota trocou elogios com Manoel Xudu. Segue, respectivamente:

Manoel, tu tens a grandeza
Do monte do Itatiaia
Teu verso atinge a altura
Dos picos do Himalaia
São lindos como as espumas
Que o mar vomita na praia

Quem nunca ouviu venha ouvir
As contas pernambucanas
Do Zé Catota com Jó
As duas máquinas humanas
Fabricam o desconhecido
Sem peças americanas

Em tempo de muita seca, Zé Catota rememora sua crônica improvisada em uma cantoria:

Eu hoje assisti um drama
E me horrorizei da cena
Uma senhora de idade
Uma criança pequena
Chorava com frio e com fome
A mãe com fome e com pena

Orgulhoso, contou de sua neta poetisa, que recentemente declamou em um auditório preenchido por seus ex-professores:

Eu só sei que nada sei
Falar pra este auditório
Que as letras da minha lei
No tempo que eu estudei
Calada no meu recanto
Orando a Espírito Santo
É pouco e aqui não cabe
O que que faz quem nada sabe
Falar pra quem sabe tanto

Sorridente, Zé Catota relatou que foi confessar-se e que, como sua confissão saiu toda em rima, o padre respondeu-lhe: "Como não absolver uma poesia?". Rimos, sorrimos e fomos para a despedida:

O adeus por despedida
Eu choro sempre por vida
E me afogo no meu pranto
Depois eu canto feliz
Pra guardar por todo canto

Quando a gente tá distante
Da linda casa da gente
A saudade nos maltrata

E a gente fica doente
Fica uma coisa dizendo
Volta pra lá novamente

A senhora vai partir
Com muita tranquilidade
Vá feliz e chegue em paz
Guardando muita amizade
Que em São José só fica
Um turbilhão de saudade

Dê lembrança aos seus alunos
E um aperto de mão
Diga que não os conheço
Porém tenho a informação
Que a senhora me deu
E fez doer o coração

O pessoal de São Paulo
Além de ser educado
É brando, é sério, é honesto
Direito e civilizado
Gosta de fazer o bem
Não de fazer o pecado

E o sertão da gente
É terra de boi zangado
A gente se conforma
No que tem passado
Tudo que passa se vai
Eu não sei pra qual estado

Diga que eu mandei dizer
Que os meninos estudem mais
Aprendam que saber ler
É uma coisa tão capaz

Dentro do pensamento
Ele nunca se desfaz

Hoje quem não sabe ler
É pobre por natureza
Não pode arrumar emprego
Trabalhar em nenhuma empresa
Parece que nasceu pobre
Por ordem da natureza

 Aqui, é preciso observar a importância que é dada tanto pelos poetas sertanejos quanto pelos rappers urbanos aos estudos da leitura e da escrita. Afinal, se a tradição oral está baseada fundamentalmente na memória e no domínio da linguagem do poeta, o estudo das letras é primordial para a continuidade das expressões artístico-poéticas e para as possibilidades de denúncia e inserção social do sujeito. Zé Catota termina:

Todo poeta é tristonho
Vive só de rima e escrita
Promete o que é verdade
Mas fica na contramão
Eu acho que sendo assim
É poeta sem razão

Diga lá aos que escrevem
Eu sinto não conhecê-los
Conte que aqui
Tem o poeta Monteiro
Mas para falar com ele
Precisa fazer uma oferenda
E ainda assim passar aperto

Depois desses belos depoimentos e declamações, optei por não marcar mais entrevistas na prefeitura, e sim caminhar pela cidade acompanhada da filmadora, do diário de campo e do interesse por conhecer a poesia dos moradores da cidade. Diferentes imagens foram registradas[32]: um farmacêutico, no balcão da farmácia central, recitou o poeta João Patriota; um sapateiro em pleno ofício declamou a poesia de Rafaelzinha; um jovem estudante de engenharia declamou sonetos próprios; e assim por diante. Uma pedicure, Socorro, contou que algumas missas da cidade são celebradas em poesia:

> A liturgia diária é passada para versos: a leitura do dia, as preces, o acolhimento aos fiéis no início da missa, o evangelho que o padre proclama e assim vai. As missas solenes são celebradas em poesia, a missa de pentecostes, a missa do padroeiro da cidade, que é São José, a missa da emancipação política de São José do Egito, a Missa do Advento, que é Natal, entre outras.

Após esse percurso pela produção poética local, encerrei a estadia na capital da poesia com um evento da cidade chamado de Quintal da Cantoria, um grande pé de parede em um bar da cidade, que reúne famílias e poetas de toda a região. A atenção, a memória prodigiosa e a rapidez do pensamento dos cantadores encantam o ouvinte. A agilidade no improviso é de rara beleza. Os cantadores são capazes de narrar fatos históricos e políticos, informações atuais, fenômenos naturais e sentimentos com muita graça e malícia. A voz não é boa, poden-

---

[32] Editadas no vídeo "Capital da poesia", disponível em <http://is.gd/poesia>.

do até ser ruim, e a viola parece que poucos sabem tocar, mas a força viva com que o repentista inventa e a perfeição com que metrifica enfeitiçam. Segui viagem para o agreste, mais especificamente em direção ao museu do Cordel, localizado no coração da grande feira de Caruaru. Desde 2007, a Academia Caruaruense de Literatura de Cordel (ACLC), a Secretaria de Educação e o museu de Literatura de Cordel de Caruaru têm um projeto intitulado "Cordel nas escolas: trabalhando a história de Caruaru", que teve início com oficinas propostas pelos poetas da Academia. Devido ao êxito do trabalho, à união e articulação dos poetas e à adesão dos alunos, estabeleceu-se um contrato de trabalho com a secretaria municipal, no intuito de oferecer oficinas de poesia e cordel aos jovens das escolas públicas da região. Essa parceria contou ainda com a publicação de um material impresso para a divulgação do projeto. Neste, Hérlon Cavalcanti, presidente da Academia, conta:

> Durante o ano, ao conhecer um pouco de cada aluno e aluna, evidenciou-se que a arte e a poesia enriquecem a relação com o processo de ensinar e aprender e ainda despertam um sentimento de prazer, de ludicidade.[33]

Em entrevista, os arte-educadores – cordelistas e repentistas do projeto – contaram das descobertas e reflexões que o trabalho com a arte, a poesia, a música e a cultura popular desperta em todos os envolvidos, alunos e professores. Afirmaram que o

---

[33] Academia Caruaruense de Literatura de Cordel, prefeitura de Caruaru e Secretaria de Educação, *Projeto Cordel nas escolas: trabalhando a história de Caruaru* (Caruaru, Fafica, 2007), p. 9.

ambiente artístico e lúdico estava a serviço do futuro, ou seja, considerava o passado, a história da cidade e das pessoas.

O material impresso publicou poesias e cordéis escritos pelos alunos no primeiro ano de trabalho. Foi interessante observar que os temas das poesias publicadas tinham bastante proximidade com os dos adolescentes da escola pesquisada em São Paulo. Além das referentes às suas histórias de vida, ao passado, ao futuro e ao preconceito, outras questões aparecem com igual importância, como a vida na escola, as amizades, a família, as dificuldades, os amores, as férias, o Natal etc.

A essa altura da viagem, já eram meados de fevereiro, semana do carnaval. Por isso, segui para a capital pernambucana, Recife. Nesse trajeto, a mudança da geografia foi impressionante. Eu já havia notado a falta de verde na paisagem, mas foi somente quando voltei à zona da mata que me dei conta da radicalidade da aridez do sertão e da caatinga. O sertão que ficou em minha memória, imaginação, sonhos e ideias tem muita relação com a expressão de Mário de Andrade:

> mil cento e cinco quilômetros devorados e uma indigestão formidável de amarguras, de sensações desencontradas, de perplexidades, de ódios. Um ódio surdo... Quase uma vontade de chorar... Uma admiração que me irrita.[34]

Cercada pela abundância da água e da mata verde do litoral, cheguei ao carnaval multicultural pernambucano. Neste, chamou-me a atenção a mani-

---

[34] Mário de Andrade, *O turista aprendiz*, cit., p. 267.

festação afro-indígena dos caboclinhos, um bailado parecido com o reisado, "uma dança dramática em que personagens e comparsas, indígenas, se vestem com penas, trazem arco e flecha"[35]. Imaginem só: fazia já mais de uma hora que o pessoal dançava, sem parada, com fúria. De repente, Matroá – o "caboclo velho", uma das figuras importantes do baile, espécie de pajé da figuração tribal da dança – principiou uma coreografia de arquejo, brutal, braço esquerdo engruvinhado, com o arco e flecha por baixo, duas mãos no peito, segurando a vida. Cada vez mais. Curvando, curvando, já levantava os pés custosamente.

> As figurações dos Caboclinhos são todas assim, primárias e formidáveis. [...] Orquestra primária também: ganzá, bombo e uma gaita de quatro orifícios obrigando a movimentos melódicos simples e lindos, se aproximando das melodias incaicas. Os Caboclinhos saem pelo carnaval. Saem quando podem...[36]

Nessa última parada antes de voltar para São Paulo, tive a oportunidade de descansar, refletir, questionar e deixar algumas observações decanta-

---

[35] Ibidem, p. 271. Rei (cacique), rainha (cacica), capitão, tenente, guia, contraguia, perós ou indiozinhos, porta-estandartes, caboclinhos, caboclinhas, pajé, caboclinhos caçadores, princesas e curandeiro são os figurantes dessa modalidade. A orquestra é formada pela gaita ou flautim (de taquara, também chamado de inúbia), caracaxás ou mineiros, tarol e surdo. Não há cantigas, e só de longe em longe uma fala, tão esquematizada, tão pura, que atinge o cúmulo da força emotiva.

[36] Ibidem, p. 284.

rem. Historicamente, Pernambuco é um estado que já foi muito importante no cenário político-econômico nacional e mundial. Ainda hoje, é um polo importante na região do Nordeste. Há motivos plausíveis para esse estado e sua capital apresentarem tamanha vitalidade cultural? E o grau de ruptura na história das comunidades que migraram em nome da construção do capitalismo brasileiro? Estão reconstruindo sua vida nas metrópoles?

Os versos, rimas, ritmos e improvisos dos jovens da cidade e dos poetas do sertão parecem expressar um movimento de apropriação do novo, combinando-o com o velho. Em São José do Egito, tive acesso a filmagens de jovens – filhos e netos de poetas locais – que, atualmente, vivem em Recife, compondo e mesclando diferentes ritmos musicais contemporâneos.

Terminado o carnaval, conheci dois projetos culturais implantados em escolas públicas e museus de arte de Recife. Eles têm a intenção de associar manifestações culturais populares nacionais – como o cordel, a capoeira e a xilogravura – às internacionais – como o rap, o break[37] e o grafite[38]. Entrevistei poetas populares, repentistas, cordelistas, pesquisadores

---

[37] Dança do hip-hop, em que os movimentos são quebrados, mecânicos, como se imitassem uma máquina. Em sua origem, imitava os helicópteros da guerra do Vietnã – com passos como aquele em que, em alusão à hélice, os jovens dão giros com a cabeça apoiada no chão e rodam com as pernas viradas para cima – e os corpos mutilados dos soldados que dela retornavam. Os breakers (dançarinos) também usam seu corpo para fazer mímicas de *transformers* e outros robôs futuristas.

[38] Desenhos coloridos e densos feitos nos espaços públicos das cidades.

da poesia e, em especial, um grupo de rap intitulado Confluência Rap e Repente[39].

O grupo apresenta a proposta de renovar e reinventar a cultura popular tradicional nordestina – no caso, o cordel e a cantoria de viola – à luz de suas experiências culturais juvenis e contemporâneas. Em parceria com a Secretaria de Cultura Municipal e algumas ONGs, oferece oficinas culturais que misturam break e frevo, xilogravura e grafite, poesia livre e cordel, rap e maracatu, rap e repente (cantoria de viola e coco de embolada) etc.

A banda[40] apresenta o rap como um resultado da combinação de um patrimônio musical afro-jamaicano americano, internacionalizado por meio dos veículos de comunicação e reapropriado pelas periferias do mundo. Pode-se afirmar que, dos bairros periféricos norte-americanos às favelas brasileiras, essa manifestação vem ganhando forma e conteúdo com o ritmo e as sonoridades que emanam das pick-ups dos DJs[41], das letras dos MCs[42], das danças dos b-boys e b-girls[43] e dos traços coloridos dos

---

[39] As filmagens editadas resultaram no vídeo "Rap e repente", disponível em <http://is.gd/raprepente>.

[40] Assim como o grupo Hip Hop de Mesa, de Santo André, na grande São Paulo, que, em roda e em volta de uma mesa, mistura a batida do rap e o ritmo do samba.

[41] Discotecário. É quem comanda o som e, por conseguinte, o baile.

[42] Mestre de cerimônias. Faz o cicerone e algumas vezes também canta rap.

[43] O público hip-hop (meninos e meninas) e seus estilos indumentários que privilegiam as marcas esportivas.

grafiteiros. Todos bastante misturados ao rastro cultural de cada jovem hip-hopper brasileiro, sua experiência social acumulada, sua história política e sua descendência.

Os hibridismos musicais do cenário contemporâneo recifense remetem-nos ao marco que o movimento manguebeat, de Chico Science, representou para a arte armorial proposta por Ariano Suassuna. Pois enquanto o primeiro busca, na idealização de uma origem essencial, justificativas para a exclusão de elementos do hibridismo cultural nordestino, o segundo baseia-se na noção radical de hibridismos, assumindo a pluralidade de influências.

Polêmicas à parte, as posições de Suassuna e do Manguebeat se aproximam por usarem as tais raízes como importante fonte estética e cultural. No entanto, representam uma clara e curiosa cisão dentro dos estudos sobre a cultura [...] Enquanto a primeira prioriza aquilo que entende, ou elege, como pureza das manifestações culturais nacionais – e essa pureza é identificada sempre pelas manifestações populares e rurais do interior – mantidas distantes das intervenções estrangeiras e industriais proporcionadas pelos contextos litorâneos e urbanos, a segunda pauta-se numa característica das culturas pernambucana, brasileira e latino-americana, fundada na diversidade de gêneros musicais e ritmos que surgiram da fusão de variadas influências provenientes das culturas amalgamadas em cada região.[44]

---

[44] Herom Vargas, *Hibridismos musicais de Chico Science & Nação Zumbi*, cit., p. 18.

O encontro com o grupo Confluência Rap e Repente revelou as infinitas possibilidades de renovação das culturas tradicionais reinventadas pelos jovens e recombinadas com as tecnologias desta geração. Para inovar, pegaram carona na tradição. Assisti às apresentações do grupo e fiquei fascinada. Uma ruptura no espaço acompanhada de uma continuidade no tempo. A presença afro-indígena nas danças, que não são aos pares, mas em círculos e filas, o canto solista, o improvisador, o coro, as rimas em quadras e sextilhas, o ritmo e a percussão no palco faziam ressoar a memória da viagem pelo sertão e associá-la às crônicas e batidas rítmicas dos jovens paulistanos.

Na mesma linha da proposta de Chico Science e Nação Zumbi e outros grupos de rap brasileiros, a banda Confluência Rap e Repente promove um diálogo entre as questões mundiais e locais, o internacional e o regional, as tradições e as inovações. Esses intercâmbios se dão na fusão de variados ritmos com diferentes raízes e na composição de novos estilos, geralmente com base na combinação de músicas tradicionais locais e outras difundidas globalmente pelos meios de comunicação – incluindo a indústria cultural. A contestação do regionalismo, entendido como algo estanque, e as diferentes concepções de renovação e reinvenção da tradição, presentes no desejo de criar um cenário de música conectada à modernidade, compõem um movimento cultural brasileiro que teve origem na década de 1950.

A bossa nova, a jovem guarda, a tropicália, o rock nacional e o manguebeat, cada um a seu modo, apropriam-se da ideia pós-moderna de criar uma identidade própria a partir da associação de traços locais e das referências externas.[45]

Desse modo, o hibridismo, como uma categoria de análise, tenta apreender a influência de elementos externos e internos comum a todo grupo social que, ao se misturar, traduz, interpreta, se inspira, se apropria e (re)cria. Assim, no caso das comunidades estudadas, o que a pesquisa de campo propiciou foi uma maior aproximação com as mestiçagens de diferentes culturas que vêm constituindo o esteio de vínculos de sociabilidade fundamentais para a constante (re)organização dessa população nas diversas situações sociais a que foram compelidas a viver. Meu olhar teve o sentido de procurar depreender os hibridismos poéticos e musicais presentes nas expressões culturais como formas de resistir e recriar a história daqueles que foram submetidos a diferentes formas de opressão no passado e cujos resquícios e atualizações ainda se fazem sentir hoje.

Para ter uma ideia da presença do hibridismo cultural nordestino na produção das músicas de rap, apresento a música "Versão brasileira", do grupo Confluência Rap e Repente.

É a música de rua
Trilha sonora de esquina
Produção independente
De fabricação nordestina

---

[45] Isabella Banducci Amizo, *Quando a polca torce o rock: um estudo sobre identidade cultural na pós-modernidade* (Monografia, Mato Grosso do Sul, Universidade Federal de Campo Grande, 2005), p. 6.

Misturo isso com aquilo
Boate com gafieira
Na TV preto e branco
Assisto à aquarela brasileira
Repente, bossa nova
Forró, baião, samba, xote
Rap, funk, soul, drum bass
Ragga, reggae e rock
Universo amplo
De influências positivas
A análise profunda
Mostra uma outra alternativa
Praticando a teoria
Assim prossigo o diálogo
A base é o guia, infinito é o catálogo
Na viagem rítmica
Vou do oceano ao sideral
Na viagem poética
Do deserto ao canavial
Visto verde e amarelo
Canto pro santo ou na feira
Caminhando e cantando a canção
Em versão brasileira.

(Refrão)
O rap é criativo, inteligente e verdadeiro
O sotaque é nordestino e a ginga é de brasileiro
A poesia é de rua, de terra, meu verso tem cheiro
A batida é eletrônica e o batuque é de terreiro

Batida nervosa
Tirada "dum" som de uma lata
Unindo a palmas e assobios
Orgânico e sucata
Clássico, moderno
Popular, erudito

Lírico, cômico
Pela voz ou por escrito
Lapidando o bruto
Do produto à obra-prima
Vamos reduzindo o custo
E elevando a autoestima
Aqui eu sou viajante
Nas estradas do improviso
Meio ying, meio yang
Meio louco, sempre liso
Mas verdadeiro
Sem rótulo nem etiqueta
Minha expressão não fica
Por trás de uma tarja preta
Ingredientes sonoros
Postos na panela de barro
Depois levo ao fogo à lenha
Computadorizado
Aí pronto!
Baião de dois, essa é a mistura
Música universal
No universo da literatura
Inspirações seguidas
De influências sensatas
Pego Ariano Suassuna
E misturo com Afrika Bambaataa[46]

---

[46] Pseudônimo do DJ estadunidense Kevin Donovan, nascido em 1957, no bairro do Bronx, em Nova York. Reconhecido como um dos fundadores do hip-hop, fez parte de uma das maiores gangues nova-iorquinas, a Black Spades [Espadas Negras]. Atualmente, é líder da ONG Zulu Nation. Para criar seus raps, Bambaataa utilizou diversas gravações já existentes, de diferentes tipos de música. As bases criadas

Musicalidade essa é a receita
Não esqueça
O barato é o bate-papo
E a batida é bate cabeça
São vários estilos
Que você se identifica
Em cada espaço uma espécie
De expressão específica.

Hibridismos do cordel:
cordel português e folheto nordestino

Em seu livro *Histórias de cordéis e folhetos*, Márcia Abreu[47] confronta a literatura de cordel com o folheto de versos nordestino[48] para sustentar que o segundo não se originou do cordel português. Como meu objetivo não é discutir essa (in)dependência, partirei das semelhanças e diferenças entre tais poéticas para dar ênfase ao hibridismo presente nessa

---

por ele propiciaram o surgimento de gêneros como o miami bass, o freestyle e ritmos que influenciaram o funk carioca.

[47] Campinas, Mercado das Letras/Associação de Leitura do Brasil, 1999.

[48] "Literatura de cordel" foi o nome recebido em Portugal, entre outros, como "folhetos volantes" ou "folhas soltas". Quanto à palavra "cordel", esta remete ao cordão em que as obras eram penduradas e expostas nas feiras de Portugal. No Brasil, especificamente no Nordeste, apesar de o termo "cordel" também ser usado, o nome mais conhecido entre os sertanejos é "folheto de versos", ou "literatura de folhetos". Assim, para apresentar o estilo literário poético português, utilizarei o termo "cordel" e, para o estilo nordestino brasileiro, "folheto de versos".

manifestação. A meu ver, as apropriações registradas na história do folheto de versos remontam às ressignificações culturais das produções poéticas do Nordeste brasileiro. Abreu ressalta a impossibilidade de vinculação entre as duas formas literárias e critica a concepção de história que transpõe culturas de um lugar ao outro. O levantamento significativo feito pela estudiosa do cordel leva a refletir sobre a importância de ter um olhar voltado para as nuanças que distinguem um grupo cultural de outro, sem negar as misturas presentes nessas fronteiras fluidas. Ainda que não discorde das diferenças entre as poéticas apontadas pela pesquisadora, diferencio-me quando analiso tais especificidades por meio da chave de leitura do hibridismo cultural. Entendo que, diante do cordel português, o folheto nordestino apresenta sua capacidade de traduzir, apropriar, recombinar e reinventar.

Assim, em vez de dar destaque às diferenças entre as manifestações com o intuito de apontar a independência de uma em relação à outra, parto do pressuposto de que a manifestação poética ibérica, ao chegar ao Nordeste brasileiro, foi absorvida pelo povo sertanejo, que, ao "digeri-la", fez nascer o folheto de versos. Minha proposta é apontar as possibilidades de ter havido um hibridismo poético, ou seja, uma apropriação/recombinação e uma reinvenção/recriação possíveis de existir em todo encontro e confronto entre os povos e as culturas. Desse modo, compreendo que, se, por um lado, conceitos como origem e pureza não dão conta da realidade brasileira híbrida, por outro, noções como recriação, atualização, mobilidade e intersecção tornaram-se muito importantes para sua elucidação.

A produção da literatura de cordel em Portugal tem diferentes características formais, temáticas e até físicas, como a dimensão, o número de páginas, o tipo de impressão, entre outros. Os temas são infinitos e não há meio de delimitar os gêneros e suas formas. Não há constâncias, tampouco uma unificação da modalidade. Autos, pequenas novelas, farsas, peças teatrais, hagiografias, sátiras, notícias, escritas em prosa ou em verso, são todos caracterizados como cordel português. Assim, Abreu afirma ter identificado mais uma designação bibliográfica do que um gênero literário. Afinal, o que unifica a produção é um padrão editorial, uma mesma configuração material das brochuras. "A chamada literatura de cordel é uma fórmula editorial que permitiu a divulgação de textos e gêneros variados para amplos setores da população."[49]

Vale salientar que o momento histórico de Portugal – século XV – corresponde ao início da imprensa e, portanto, um dos objetivos era reproduzir e vender grandes quantidades de histórias populares, textos religiosos e obras-primas ao povo. Os poetas cordelistas setecentistas faziam parte da elite; o movimento editorial da época era imenso e sob total controle da corte portuguesa. Não se podia imprimir, encadernar papéis volantes e vender livros sem a permissão do poder real. Mais tarde, o mesmo procedimento foi exigido para transportar os cordéis aos estados brasileiros (Bahia, Pernambuco,

---

[49] Márcia Abreu, *Histórias de cordéis e folhetos*, cit., p. 23.

Maranhão, Pará e Rio de Janeiro). Entre os autores mais escolhidos para o envio, estavam os nomes de Gil Vicente e Baltasar Dias. Observa-se que a literatura de cordel portuguesa que atravessou o oceano Atlântico era selecionada de acordo com seu conteúdo literário. Em outras palavras, os cordéis portugueses foram cuidadosamente escolhidos e enviados ao Brasil pela corte. A questão tematizada pelos cordéis (portugueses) desconsidera classes ou divisões sociais, pois mesmo nas poucas vezes em que há menção a pobres e ricos isso não é percebido como uma desigualdade. Nas histórias, todos vivem em harmonia, ajudando-se mutuamente. A grande distinção é entre o bem e o mal, e o que preocupa é o comportamento dos indivíduos sob essas duas ordens. Para explicitar, mais precisamente, o modo sutil com que os cordéis ibéricos aderiram à ideologia dominante da época, a autora afirma:

> Os cordéis lusitanos, enviados ao Brasil, dizem a seus leitores que não há por que se preocupar com questões políticas, econômicas ou sociais, já que a preocupação central deve ser a busca do Bem.[50]

Nesse sentido, partindo do fato de que tais cordéis foram enviados em grandes quantidades ao Brasil e lidos pelos sertanejos nordestinos – conforme mostram os dados da história brasileira –, é possível afirmar que a cultura nordestina não apenas recebeu as brochuras impressas, mas também as personalizou na forma e no conteúdo. Quanto

---

[50] Ibidem, p. 69.

à forma, criou a métrica dos folhetos nordestinos, diferente da métrica do cordel que, no caso, inexiste. Quanto ao conteúdo, passou a exprimir a realidade cultural e política da vida cotidiana. Diferentemente da literatura de cordel portuguesa, o folheto nordestino é escrito pelos próprios poetas sertanejos que escolheram como palco, fonte e inspiração de seus versos a tensão social e a realidade sofrida do semiárido. Observa-se, nesse sentido, que pode ter havido entre a literatura portuguesa e a brasileira um movimento de fusão, transformação, hibridação e até mesmo inversão ideológica. Ou seja, enquanto os cordéis portugueses que chegaram ao Brasil associavam o bem à nobreza e o mal aos salteadores (pobres), os folhetos nordestinos inverteram a lógica, associando o bem à população sofrida do sertão nordestino e o mal aos ricos políticos, exploradores e senhores de escravo. Apesar de não haver restrição temática na literatura de folhetos nordestina, sua produção poética sempre esteve calcada na realidade social.

> Mais da metade dos folhetos de versos nordestinos impressos nos primeiros anos continha "poemas de época" ou "de acontecido", que tinham como foco central o cangaceirismo, os impostos, os fiscais, o custo de vida, os baixos salários, as secas, a exploração dos trabalhadores. [...] No Nordeste, embora haja também narrativas ficcionais que contam as aventuras de nobres personagens, o estado de "indignação, lamentação e crítica do cotidiano" contamina as histórias. A discussão das diferenças econômicas é constante. [...] Mesmo em histórias tradicionais, que se passam em meio à nobreza, a realidade nordestina

infiltra-se. [...] Problemas econômicos interferem, também, na construção dos vilões das histórias, pois além de serem maus eles têm, em geral, grande fortuna. Por outro lado, não há ninguém muito pobre no papel de malfeitor.[51]

Devido a essas importantes diferenças, Abreu conclui que o folheto de versos nordestino é uma manifestação independente da literatura de cordel portuguesa. Proponho inverter essa conclusão para pontuar o encontro e o confronto entre esses povos. Em suma, entendo que uma das contribuições culturais do povo sertanejo nordestino foi fazer uma tradução da tradição poética ibérica, reinventando-a com base em seus elementos regionais já combinados com a tradição oral afro-indígena. Nesse sentido, o fato de as datas dos primeiros folhetos nordestinos serem posteriores aos envios iniciais de brochuras portuguesas ao sertão brasileiro exemplifica a análise de que a tradição ibérica chegou ao Brasil antes do surgimento da produção sertaneja. Leandro Gomes de Barros, popularmente considerado um grande cordelista nordestino, publicou seu primeiro folheto em 1893 e afirmou tê-lo produzido em 1889.

Sobre a métrica das quadras, frequentemente encontrada nos folhetos ibéricos e na poesia de improviso árabe, chegou ao sertão brasileiro e não permaneceu como a estrutura básica da cantoria de viola nordestina ou do folheto de versos. Um dos primeiros poetas e cantadores nordestinos, Silvino Pirauá de Lima, dizia que "sentia falta de espaço para com-

---

[51] Ibidem, p. 120-3.

por com as quadras e, por isso, fez crescer as estrofes de quatro para seis linhas, formando, assim, as sextilhas". Dessa e de diferentes outras formas, a métrica base para a poesia nordestina tornou-se as sextilhas, e não as quadras. Autores como Francisco das Chagas Batista, que começou a publicar em 1902, e João Martins de Athayde, em 1908, também foram adeptos da sextilha, que, junto com outras estruturas mais complexas, como as décimas, fixou-se como a métrica do folheto de versos e da cantoria de viola até hoje.

Por fim, não se pode esquecer da importância e da exclusividade do ambiente oral no folheto nordestino brasileiro. É sabido que os poemas, contos, charadas, disputas e desafios – seja entre indígenas, africanos, árabes ou ibéricos – estão presentes principalmente nas culturas em que a escrita não é dominante. Daí, talvez, a significativa diferença entre essas manifestações em Portugal e no Brasil: enquanto uma se sedimentou na cultura escrita, a outra, cuja presença indígena e africana é marcante, guarda fortes características da oralidade.

A literatura de folheto de versos deu início ao seu processo de definição no espaço oral antes mesmo de a impressão das editoras tornar-se possível no Nordeste brasileiro. O processo de constituição dessa forma literária aconteceu, primeiro, nas sessões de cantoria de viola, e somente depois, no fim do século XIX e início do século XX, é que esses versos foram publicados em folhetos. É sabido que muitos destes foram elaborados com base nos versos improvisados nas velhas pelejas (desafios dos cantadores) e na memória dos poetas. Dessa informação, depreende-se que a história e o caráter oral do folheto nordestino e da cantoria de viola mantêm entre si uma intrínseca relação na formação e necessidade de perpetuação de dada tradição brasileira. O folheto é escrito para registrar e perpetuar as poesias feitas nas rodas de improviso e, ao mesmo tempo, quando não tem relação com alguma cantoria, é escrito para ser contado e cantado. A intenção parece ser sempre a de recitar, declamar e perpetuar culturas e narrativas orais.

Os poetas populares nordestinos escrevem como se estivessem contando uma história em voz alta. O público, mesmo quando o lê, prefigura um narrador oral, cuja voz pode-se ouvir. [...] pode-se entender a literatura de folhetos nordestinos como mediadora entre o oral e o escrito.[52]

Esses constantes movimentos presentes na história das culturas populares revelam a importância de abrirmos os ouvidos para captar e rastrear as recriações coletivas. Por princípio, não há problema em relacionar a literatura de cordel portuguesa à literatura de folhetos nordestinos, desde que se sustente também um olhar atento às reconstruções feitas pelo povo brasileiro. Um olhar que seja capaz de observar não apenas a diáspora, mas também seus desdobramentos – os hibridismos como formas de resistência, criatividade e afirmação étnico-social.

---

[52] Ibidem, p. 118.

Hibridismos do repente: cantoria de viola e coco de embolada

Como em toda cantoria
O repente de viola
Começa na sextilha
Este texto não te enrola
São seis linhas de métrica,
Oração e rima na sacola

A cantoria de viola, muito conhecida como repente, é representada pela figura do sertanejo que canta e improvisa versos com sua viola. Não se restringe, porém, aos cantadores de viola, pois há diversas outras manifestações culturais de improvisos poéticos no Nordeste. Como mencionado na viagem à poesia popular do sertão nordestino, são todos poetas repentistas; o que os diferencia são as modalidades de métricas e os instrumentos que acompanham e fazem a melodia ou dão o ritmo de cada manifestação. Os improvisos também podem ser cantos de trabalho, ou seja, um repente sobre a atividade laboral do momento. Cada manifestação carrega consigo sua história étnico-social.

Aqui, serão tratados o coco de embolada e a cantoria de viola, culturas populares tradicionais mais conhecidas como repente pelo fato de se basearem, praticamente, no improviso. Ou seja, o repente – improviso – é seu elemento central. Entre os coquistas ou emboladores, a métrica mais usada é a quadra, enquanto entre os cantadores é a sextilha. O verso em sextilha escrito na abertura deste item é um exemplo de métrica simples, muito usada para iniciar o desafio da cantoria de viola.

Como explicado na estrofe de sextilha citada, o tripé da cantoria é a métrica, a rima e a oração. A métrica da modalidade sextilha aceita sete sílabas por verso (frase) e seis versos (linhas) por estrofe. Assim, sextilha é uma estrofe de seis versos com sete sílabas cada. Quanto à rima, esta também obedece às regras da métrica, que, no caso da sextilha, assim se compõe: X A X A X A, sendo X os versos órfãos (sem rimas) e A os versos com rimas entre si. Logo, nos versos acima, temos as rimas: "viola", "enrola" e "sacola". Já a oração significa dar começo, meio e fim à história, ou seja, um texto com coerência e unidade narrativa. A cantoria de viola, assim como a literatura de cordel, tem como preocupação central a exatidão da métrica, a rima perfeita, a estruturação do texto e a seriedade na oração.

A viola, que acompanha os cantadores, está em segundo plano; não tem muita importância sonora e os acordes tocados não são estilizados. Todavia, sua presença é essencial, pois oferece o recurso do tempo que permite ao cantador criar o verso a partir da deixa (rima) do seu colega (cantador), que estará sempre ao seu lado. Explico: após a deixa do colega, o cantador pode usufruir um tempo para brincar com a viola e pensar na rima, parando de tocar em seguida para declamar seus versos perfeitamente metrificados e recém-elaborados (improvisados). Compreendo, então, que, para a cantoria de viola, a música dedilhada oferece ao repentista o tempo e a inspiração necessários para obter o desfecho cuja peça fundamental é o improviso enquadrado nas metrificações definidas. As variações de métrica vão das mais simples e curtas às mais variadas, longas e complexas.

Enquanto o cantador de viola tem, essencialmente, a tarefa de rimar e enquadrar os versos nas métricas fixas, as emboladas e suas diversas modalidades baseiam-se fortemente nos instrumentos, inserindo nos ritmos e melodias as poesias e rimas. Os aspectos marcantes do coco são a presença dos instrumentos africanos, o ganzá[53] e o pandeiro, o ritmo impetuoso da dança afro e a batida sincopada, bastante comum nas danças indígenas (o passo lateral, ora à esquerda, ora à direita). No coco de embolada, dança-se o coco e canta-se a embolada. A poesia improvisada é cantada pelo solista e a resposta é dada pelo coro, que dança em roda e repete o refrão.

As regras poéticas citadas – seja para a cantoria, seja para a embolada – têm como base um recurso mnemônico que é a repetição das rimas. Como, para o ambiente oral, as irregularidades dificultam a memorização, a regularidade constitui-se como o maior recurso para a conservação das produções intelectuais. Assim, o padrão de estruturas estróficas, rítmicas e métricas é uma ferramenta fundamental. No campo da oralidade, os padrões fixos são o arcabouço organizador da produção. Auxiliam a composição dos poemas, que preenchem uma estrutura conhecida. Essas recorrências e repetições são importantes não apenas para o artista, mas também para o público, uma vez que colaboram

---

[53] Espécie de maracá (chocalho) grande, formado por um pequeno tubo de folha de flandres. Dentro, são colocados grãos ou seixos que, quando em atrito com o flandre, produzem som. Na visita à aldeia indígena Pankararu, tomei conhecimento de que o maracá é o instrumento mais importante dos rituais de toré, toantes e serviços de chão.

para a recordação e transmissão das histórias de tradição oral.

Para discorrer sobre os hibridismos culturais franco-ibero-árabes, encontrados na cantoria de viola, e os afro-indígenas, presentes no coco de embolada, apresentarei dois trabalhos, respectivamente: *As raízes árabes na tradição poético-musical do sertão nordestino*, de Luís Soler[54], e *O coco de Alagoas*, de Aloísio Vilela[55].

A lira, a cítara, o alaúde e a harpa – esta última considerada uma invenção dos celtas, que primeiro ocuparam a península ibérica – são os primitivos instrumentos de cordas de onde a viola provém, levados para a Europa pelos árabes. A viola também foi muito usada pelos trovadores franceses. Com isso, supõe-se que os cantares dos nossos romanceiros, assim como os toques das nossas violas e rabecas, ressoam as cordas dos instrumentos e da garganta dos árabes e ibéricos, como as coplas[56], xácaras[57] e romances cantados em ladino[58] e trazidos

---

[54] Recife, Ed. Universitária, 1978.

[55] 2. ed., Maceió, Museu Théo Brandão/Ufal, 1980.

[56] De acordo com o dicionário *Houaiss*, poesia popular espanhola com estâncias curtas e métrica variável que geralmente acompanha a música improvisada.

[57] De acordo com o dicionário *Houaiss*, canção narrativa de versos sentimentais, popular na península ibérica e de origem árabe. Romance breve, de tom alegre, em que se costuma contar os fatos cotidianos com acompanhamento de dança.

[58] De acordo com o dicionário *Houaiss*, língua falada por comunidades judaicas nas regiões central, meridional e norte da África (Marrocos), leste da Suíça e norte da Itália. Prolongamento do espanhol, um espanhol-judaico do século XVI. Os

pelos judeus cristãos-novos que vieram para o Brasil. "Os cantos em ladino são ásperos, belos, fortes, meio salmodiados e monocórdicos como um aboio ou um canto árabe."[59] Elementos ibero-mouriscos e gregorianos aparecem na forma (estrutura) da música sertaneja. Os artistas populares em questão, o sertanejo nordestino e o árabe, apresentam semelhanças. Há, entre eles, uma inseparável cantilena poética expressa como uma espécie de necessidade visceral perenemente sentida nessas manifestações culturais e meios de comunicação e de integração étnico-social de suas comunidades. Esses povos iletrados e beduínos do deserto são imbuídos de grande capacidade de observação dos fenômenos naturais, sociais e humanos. São capazes de glosar, com ligeireza e malícia, tudo o que veem e ouvem. Dessa maneira, Soler defende a tese de que as formas poéticas nordestinas, seus instrumentos musicais, sua afinação, assim como a prática do improviso, entre outros elementos, remetem ao universo cultural árabe.

Interessa-me aqui apontar para os encontros, fusões, recombinações e traduções feitos pelos sertanejos do Nordeste do Brasil. Os estudos do autor a respeito da estadia árabe no norte da África, da longa presença e dominação árabe nos países ibéricos, da colonização portuguesa no Brasil e do tráfico negreiro incitam a imaginar o enorme e contínuo

---

judeus, quando expulsos da Espanha, em 1492, espalharam essa língua e seus dialetos. Curioso ressaltar que no Brasil a denominação "ladino" foi usada para chamar indígenas e negros escravos de pessoas sem cultura.

[59] Ariano Suassuna, "Prefácio", em Luís Soler, *As raízes árabes na tradição poético-musical do sertão nordestino*, cit., p. 11.

entrelaçamento cultural desses povos. Cabe ainda considerar outro traço marcante das intersecções culturais da poesia popular encontradas no continente latino-americano: a presença da tradição oral. No início de seu livro, Soler conta acerca de seus vários encontros com a oralidade latino-americana. Observa que os *payadores* (violeiros improvisadores) encontrados no Uruguai, na Colômbia, na Venezuela, na Argentina e no Chile são muito parecidos com os glosadores do Sul e Nordeste do Brasil, com suas violas e pandeiros em constante desafio. Retratou também os rabequeiros de Caruaru, agreste de Pernambuco, que manejam suas rabecas de formas semelhantes às de Madri, capital espanhola, tocadas nos períodos natalinos.

O interessante de todas essas observações é o fato de que mantêm aberta a porta para as infinitas possibilidades de cruzamentos culturais revelados, nesse caso, pelo repente nordestino. Na expressão poética do coco de embolada, as procedências afro--lusas e as influências indígenas apresentam-se mais fortemente. "O coco, como outras danças pingadas de negro, ou de índio, ou de luso, veio desse choque, desse entrelaçamento racial, de que o negro deixou impressão mais forte."[60]

---

[60] Aloísio Vilela, *O coco de Alagoas*, cit., p. 16. Muitos são os cocos conhecidos no Nordeste: cocos praieiros da Paraíba, do Rio Grande do Norte, do Piauí e outros; o de zambé; o de tará e o de roda, em Pernambuco; o samba de aboio e o samba de coco, em Sergipe; os sambas da Bahia, como o corta--jaca, o corrido ou de reza, o bate-baú, o de oração e outros. Em alguma medida, todos esses se diferem e se assemelham à dança e ao improviso do coco de embolada frequen-

Vilela conta uma história que ouviu de um velho proprietário do distrito de Chã Preta (AL)[61], que dizia que o coco de embolada foi criado pelos escravos afro--brasileiros e indígenas do quilombo dos Palmares. Quando iam em busca do coco a fim de comer a polpa dos frutos maduros e retirar a amêndoa (coconha) dos que estavam secos, batiam um coco no outro até rachá-los. Essa batida foi puxando da memória costumeiros alaridos afros; com isso, versos de improviso, danças e um forte sapateado resultaram nesta expressão folclórica mista chamada coco de embolada.

À dança, levada às senzalas, foi acrescentada a umbigada[62]. Ao som dos cocos, foram agregados o tambor, o pandeiro, o ganzá e a palma do cantador. Em roda, o canto é praticado por dois emboladores, cada qual com um instrumento de percussão, na tarefa de se desafiarem por meio de versos improvisados. A embolada é dançada e praticada por uma coletividade que bate palmas e canta um refrão em resposta ao solista cantador. Assim, a estrutura das letras poéticas tem um refrão fixo composto pelos versos livres me-

---

temente encontrado no estado de Alagoas. Assim, chamarei de coco de embolada a música, a dança, o canto e a poesia oral presentes nessa manifestação.

[61] Versão bastante próxima das que ouvi de poetas do Recife e São José do Egito (PE).

[62] Há, ainda hoje, também desde os cativeiros, o coco de umbigada, no Rio de Janeiro, e o batuque de umbigada, nos terreiros de Capivari, Piracicaba e Tietê (SP), entre outras danças, rodas, versos e improvisos, como o jongo de Tamandaré, em Guaratinguetá (SP). Optei por citar apenas essas manifestações, uma vez que foram as estudadas e visitadas por mim; no entanto, há inúmeras outras.

trificados ou não, a depender da criatividade, escolha e memória do poeta.

Quanto à estrutura em roda, esta guarda semelhanças com inúmeras outras manifestações (re)criadas nos cativeiros e aldeamentos indígenas de todo o país. Por apresentarem a música, a poesia e a dança de modo intimamente ligadas, Mário de Andrade denominou-as de cantos orquéstricos. Sua pesquisa em torno dos cocos de embolada, apesar de desprovida de bons equipamentos para medição de ondas sonoras, foi bastante importante no que tange à especificidade dessa manifestação: "Que voz!... não é boa não, é ruim. Mas é curiosíssima [...]. Em que tonalidade estão a cantar?"[63].

Um dos fenômenos mais enigmáticos é justamente a fixação dos sons da escala cromática. Toda a humanidade fixou doze sons principais que são sempre os mesmos no mundo inteiro. Entre o dó e o dó sustenido, podem existir centenas de sons diferentes.

Não é cantar desafinado, cantam positivamente fora de um tom sistematizado neles e é de todos. Se fixo uma tonalidade aproximada no piano e incito os meus dois coqueiros, cantando com eles, se [...] amansam no ré bemol maior, por exemplo. Se paro de cantar, voltam gradativamente por fora de tom em que estavam antes. E é um encanto.[64]

Por fim, a voz, o tom, o corpo e a arte de improvisar desses poetas são prodigiosos. Uma especifi-

---

[63] Mário de Andrade, *O turista aprendiz*, cit., p. 213.
[64] Idem.

cidade do coco está na maneira com que se constroem os versos de improviso. Talvez a não rigidez das métricas e a velocidade do ritmo tocado, dançado e pensado convidem a elaboração poética dos cantadores repentistas a uma experiência muito próxima do trabalho de elaboração onírica. Afinal, as construções dos versos parecem ser associadas livremente, como retalhos que, costurados, oferecem belas colchas. São metáforas. São metonímias. São imagens muito simbólicas e representativas de fantasias, ambições, medos, projetos e sonhos.

Não se trata do verso "nonsense" feito para dar habilidade rítmica. É um painel de sonho que passa, feito de frases estratificadas, curiosas como psicologia: "Bela mandou me chamar" ou "Porto de Minas Gerais" ou "Meu ganzá, meu ganzarino" etc. etc., às quais se juntam verbalismos, frases tiradas do trabalho quotidiano, do amor; referências aos presentes e aos acontecimentos do dia; desejos, ânsias..."[65]

Há ainda muitas outras relações do coco de embolada com os sambas de escravos perpetuados nas liberdades servis brasileiras. Afinal, todos esses grupos de escravos que se reuniam, às escondidas, para tocar seus tambores, cantar e dançar expressam a intencionalidade subjetiva e objetiva de rememorar o passado, manter um contato consigo mesmo, denunciar e elaborar a difícil vida cotidiana que continuam a enfrentar. De outro modo, vale dizer que, desde sempre, são várias as maneiras de se apropriar das mais diferentes culturas e situações sociais compelidas a

---
[65] Ibidem, p. 247.

atravessar, bem como de dar sentido a elas. Assim, uma manifestação que expressa todos esses conflitos e estratégias é a mais nova cultura juvenil[66] denominada hip-hop.

Hibridismos "glocais"[67] do hip-hop: afro-americano e afro-brasileiro

O novo estilo cultural instaurado pelo movimento hip-hop envolve dança, pintura, música, poesia, rima, improviso etc. A discussão sobre ele é ampla, envolvendo uma dimensão histórica que exigiria estudos sobre as manifestações dos afro-americanos, da cultura dos jovens das ilhas Jamaica, Haiti e Cuba e outras ramificações pelo mundo, como entre os latino-americanos. Dessa forma, será enfatizado apenas o potencial estético presente nas técnicas musicais do rap e na expressão cultural da diáspora africana encontrada nessa manifestação juvenil. Meu intuito é apontar as reconstruções locais e glo-

---

[66] Compreendo as culturas juvenis como as formas peculiares de expressão de linguagem, os modos de conceber os intercâmbios entre as gerações, as formas de relacionamento e as preferências artísticas e culturais dos variados grupos de jovens contemporâneos.

[67] Expressão que aponta a simultaneidade do local e do global. "Essa palavra nova, fruto de recíprocas contaminações entre *global* e *local*, foi forjada justamente na tentativa de captar a complexidade dos processos atuais. Nela foi incorporado o sentido irrequieto do sincretismo. *O sincretismo é glocal*. É um território marcado pelas travessias entre correntes opostas e frequentemente mescladas, com diversas temperaturas, salinidades, cores e sabores. Um território extraterritorial" (Massimo Canevacci, *Sincretismos*, cit., p. 25).

bais do hip-hop afro-americano e caribenho, que vem sendo apropriado e reinventado nos muitos guetos do mundo, inclusive do Brasil.

Apesar de reconhecer que o rap é um elemento cultural com características específicas dentro de um movimento maior que é o hip-hop, a análise não será prejudicada devido ao fato de direcionar maior atenção aos elementos musicais do rap e ao uso desta tecnologia musical. As técnicas musicais do rap envolvem aspectos importantes do desenvolvimento e do uso do estilo hip-hop como um todo, e a combinação da dança (break) e da pintura (grafite) com a música do rap foi fundamental para a evolução geral do movimento. No entanto, o foco permanece voltado para os hibridismos culturais. Dessa vez, as apropriações, recombinações e reinvenções presentes entre os jovens brasileiros e latino-americanos.

Enquanto a música rap, principalmente a mais recente, é denominada pelos negros que falam inglês, o grafite e o break foram radicalmente elaborados pelos porto-riquenhos, dominicanos e outras comunidades caribenhas de língua espanhola que carregam em sua história fortes elementos da diáspora africana.[68]

Nessa direção, falarei tanto dos hibridismos afro-americanos e caribenhos que foram potencializados nos guetos norte-americanos quanto do fato de, ao chegarem ao Brasil, esses elementos já mistura-

---

[68] Tricia Rose, "Um estilo que não segura: política, estilo e a cidade pós-industrial no hip-hop", em Micael Herschmann (org.), *Abalando os anos 90: funk e hip-hop – globalização, violência e estilo cultural* (Rio de Janeiro, Rocco, 1997), p. 192.

dos terem sido mais uma vez apropriados e recombinados com os elementos locais e regionais de cada grupo de jovens, resultando nos mais diversos hip-hops brasileiros – como os nordestinos, os paulistanos e os cariocas.

O contexto urbano nova-iorquino pós-industrial dos anos 1970 foi definidor para a configuração e a direção que o rap e o hip-hop tomaram. A desindustrialização, assim como a reestruturação da economia, teve forte impacto sobre as comunidades afro-latino-americanas de todo o continente norte-americano. A redução dos fundos federais, antes direcionados à habitação, e os novos investimentos deslocaram a mão de obra da produção industrial para serviços corporativos e de informação. Com isso, as comunidades pobres e de imigrantes ficaram entregues aos donos das favelas, ou seja, à condição de refúgio de traficantes, aos centros de reabilitação de viciados, aos crimes violentos, às hipotecas e aos serviços municipais e de transportes inadequados.

No caso do South Bronx, chamado com frequência de o berço da cultura hip-hop, as condições geradas pela era pós-industrial foram exageradas pelas rupturas consideradas parte inesperada do efeito de um grande projeto motivado por fins políticos. No início da década de 1970, esse projeto de renovação redundou em deslocamentos maciços de pessoas de cor, economicamente frágeis e de diferentes áreas de Nova York. A transição étnica e racial subsequente no South Bronx não foi realizada por meio de um processo gradual que permitisse a criação de instituições sociais e culturais que pudessem agir protetoramente. Ao contrário, foi um processo brutal de destruição de uma comunidade e desapropriação, executadas por oficiais municipais sob a direção do legendário planejador urbano Robert Moses.[69]

Esse cenário de desamparo também foi invadido por saídas criativas e, por sua vez, agressivas. No fim dos anos 1970, a geração mais jovem de South Bronx construiu uma rede cultural própria que expressou alegria, crítica e pertencimento à era das novas tecnologias. Algumas definições estéticas e características estilísticas do hip-hop parecem mapear o caminho escolhido pelos jovens hip-hoppers, que, por meio dos materiais técnicos desses centros urbanos pós-industriais, revisaram e se apropriaram das práticas da diáspora africana.

Os temas e os estilos no hip-hop dividem semelhanças culturais e musicais que contêm expressões antigas e contíguas da diáspora africana; esses temas e estilos, em sua maioria, foram revistos e reinterpretados pela cultura contemporânea por meio dos elementos tecnológicos. As principais formas do hip-hop – o grafite, o break e o rap – foram desenvolvidas dentro das prioridades culturais da diáspora afro e em relação às grandes forças e instituições industriais. [...] Importantes mudanças pós-industriais na economia, como o acesso à moradia, a demografia e as redes de comunicação, foram cruciais para a formação das condições que alimentaram a cultura híbrida e o teor sociopolítico das canções e músicas de hip-hop.[70]

---

[69] Ibidem, p. 198.
[70] Ibidem, p. 194-5.

Ao adaptarem as mesas de som e os alto-falantes nas ruas, os DJs iniciaram as festas nas vias públicas, transformando-as em centros comunitários livres. Os rappers apoderaram-se do microfone como se a amplificação fosse uma fonte de vida e os breakers apossaram-se do sinuoso terreno urbano a fim de torná-lo funcional para os desabrigados. O movimento deu voz às tensões do cenário público urbano durante um período de transformação substancial de Nova York. A vida às margens da América urbana e pós-industrial ficou registrada no estilo, som e temática do hip-hop. Diante de dolorosas contradições, as culturas juvenis contemporâneas lançam-se na negociação da experiência da marginalização, da oportunidade brutalmente perdida, da opressão étnico-social e de gênero e das atuais condições, potencialmente acessíveis e possíveis, das novas tecnologias de informação e comunicação.

A técnica da amostragem, por exemplo, que consiste em selecionar trechos de diferentes arranjos para introduzi-los em uma mesma peça musical, foi uma forma irreverente de lidar com a falta de recursos financeiros para fazer música. Durante o governo Reagan, houve um corte financeiro nas escolas, impossibilitando-as de comprar instrumentos musicais e dificultando, desse modo, o ensino e o acesso à música de qualidade[71]. A denúncia dos cortes orçamentários e do acesso, reduzido a formas tradicionais de instrumentalização e composição, fez com que muitos jovens contassem apenas com o compu-

---
[71] Christian Béthune, *Le rap*, cit.

tador e o som dos toca-discos. Assim, as nuanças do estilo musical criado pelo hip-hop baseiam-se nos toca-discos dos DJs e no armazenamento e reprodução de som do equipamento computadorizado do sampler[72].

A própria forma e estrutura dessa manifestação dizem respeito, diretamente, ao contexto social e político que impulsionou o desenvolvimento do hip--hop – uma arte popular internacional de rua por excelência[73]. O fato de o hip-hop ter se tornado uma forma de contornar as restrições oriundas das discriminações sociais e de transpor os obstáculos técnicos vividos pelos jovens afros das metrópoles converte--o em uma importante expressão humana, artística e política dos excluídos na contemporaneidade.

O estilo técnico e estético do rap, diferentemente de uma formação musical disciplinar, exige um procedimento estilístico de outra ordem. Para criar suas músicas, os rappers fagocitam arranjos musicais de diferentes estilos e os remontam a seu gosto por meio do sequenciador. O conhecimento de um rapper não se restringe às habilidades técnicas, mas exige, acima de tudo, um conhecimento poético e um afinado ouvido musical para as variadas composições sonoras improvisadas. As possibilidades manuais e eletrônicas desenvolvidas para a produção sonora do rap são: corte e colagem[74], mistura

---

[72] Aparelho de computador que registra qualquer som em forma numérica, recomposto por meio de um sequenciador.

[73] Tricia Rose, "Um estilo que não segura: política, estilo e a cidade pós-industrial no hip-hop", cit.

[74] Consiste em fragmentar e desestruturar frases musicais.

e amostragem, *sampling*[75], *beatboxing*[76], *looping*[77], *layering*[78] e *scratching*[79].

As denúncias feitas em relação a esses procedimentos de criação estética e musical vão desde o fato de roubarem, abertamente, trechos musicais e melodias compostos por outros artistas até a crítica de que, ao fazê-lo, prejudicam e alienam a unidade da obra. Outras críticas se voltam para o componente humano da estética musical, que, segundo alguns teóricos, pode se perder quando diante das novas tecnologias de comunicação e informação. Aparentemente, são poucos os autores que entreveem as possibilidades de criação estética geradas por tais procedimentos. Christian Béthune, por exemplo, identifica no ato de copiar e colar uma inovação estética imbuída de autenticidade. Sugere ainda que observemos a elaboração crítica presente

---

[75] Técnica que utiliza o sampler para introduzir uma sequência melódica no interior de um trecho musical já gravado, podendo não apenas reuni-los, como modificá-los por meio da informática.

[76] Técnica que produz som com a boca imitando as caixas da bateria.

[77] Consiste em formar uma espécie de núcleo repetitivo ou aleatório cujo efeito é obtido retirando um trecho musical de um contexto e inserindo-o em outro.

[78] Técnica que produz um tipo de orquestração da música, obtida por meio da superposição de trechos variados de diferentes peças musicais.

[79] Decomposição rítmica de algumas métricas por meio da fricção de suas platinas, produzindo um movimento de vaivém, uma ranhura provocada pela agulha no vinil, permitindo um efeito de percussão.

nas estratégias de criação do *beatboxing*, que, literalmente, significa vencer a máquina.

A tentativa de superação revelada pela mimese (revelação do real na linguagem da arte) faz ecoar as letras do blues, que denunciavam as condições desumanas a que eram expostos os trabalhadores afro-americanos. Diziam que, devido ao treino da escravidão, ficaram fortes a ponto de vencer as máquinas. Máquinas essas que não liberaram o escravo do trabalho forçado; pelo contrário, impuseram-lhe um ritmo ainda mais acelerado de produção. A metáfora "tão fortes que vencem a máquina", presente nas letras do blues e na ação do rapper, que faz um som superior ao da caixa de bateria, parece inverter a lógica da dominação imposta pela indústria e por seus inventores brancos. Vale salientar que os homens brancos, proprietários, não deixam de depender de seus antigos trabalhadores escravos, agora com as funções de operário, carregador etc.

Esse modo de fazer música instaurado pelo rap traz à tona as raízes históricas da música afro--americana, em particular o jazz e o blues[80]. A partir dessas relações musicais, Béthune propõe o termo traduzido para o português como telescopagem histórica. Entende que se trata de um importante recurso capaz de tornar próximos objetos que pareciam estar distantes. Nesse sentido, considerando que o

---

[80] Vale retomar que a criação musical do jazz e do blues também encontrou inspiração na difícil trajetória que a população afro-americana percorreu desde a escravidão, passando pela guerra de Secessão, a depressão econômica dos anos 1930 e outros momentos de embate ao longo da história norte-americana.

lamento do blues reaparece no clamor do rap afro-americano, remetendo, ambos, às culturas em diáspora e à descendência africana, inicio uma reflexão sobre os raps brasileiros e suas possíveis relações com a nossa história ancestral afro-indígena-latino-americana.

O rap brasileiro é um capítulo recente de uma história que se iniciou no século XIX, com o movimento de constituição da identidade afro por meio da música. Um capítulo que remonta à tradição dos afro-brasileiros de criar – com a música, as rimas e poesias – meios para sobreviver à escravidão. O grito, uma fala em via de se tornar um canto, um lamento ou uma denúncia foram formas musicais encontradas pelos escravos para expressar suas emoções no interior dos cativeiros. Essa forma de comunicação servia, inclusive, nas ocasiões em que mensagens secretas tinham de ser transmitidas sem que o senhor de escravos tivesse conhecimento[81].

O rap não se resume a um fenômeno urbano dos jovens pobres e negros das grandes cidades mundiais. Trata-se tanto de uma música (pós-)moderna – resultante de um processo de misturas sonoras de outros estilos musicais – quanto de uma estética comunitária que dá continuidade às elaborações e experiências de diásporas. Essa estética – a dimensão oral e corporal, bastante presente no hip-hop e nas demais culturas afros e indígenas – apresenta-se como um valor associado ao improviso e à roda.

---

[81] Marco Aurélio Paz Tella, *Atitude, arte, cultura e autoconhecimento: o rap como a voz da periferia* (Dissertação de Mestrado, São Paulo, PUC, 2000).

Desde os tempos idos da escravidão, encontram-se nessas culturas as características do improviso poético, dos versos como metáforas e códigos, da elaboração de ritmos próprios, da forte presença corporal nas danças, da experiência comunitária por meio das rodas etc. Características essas que têm em comum o enfrentamento e a resistência para extravasar as mazelas da dominação a que foram e ainda são submetidos. Funcionam como uma forma de posicionamento político e de inserção social.

As rimas estrategicamente elaboradas de modo a ludibriar a atenção dos senhores de escravos, que assim não poderiam compreender suas expressões políticas e artimanhas artísticas, são atualizadas e reeditadas nas crônicas verborrágicas dos rappers. Os torneios de break, as performances, as rodas, as rivalidades, as batalhas e os desafios poéticos dos MCs trazem à tona a tradição da oralidade e a expressão da coletividade. Para Béthune, o *ringshout*, que pode ser traduzido como grito em roda, corresponde à forma da cerimônia em que, em círculo, alternam-se músicos e expectadores, colocando os participantes como atores e autores de uma experiência coletiva, na qual se é ora público, ora artista.

A dança do break, a arte do grafite, a cerimônia em rimas do MC e a música do DJ compõem um grupo estético de diferentes experiências interligadas e vividas por todo o grupo do hip-hop. No Brasil, é comum encontrar o break misturado com os passos da capoeira (luta e dança criada na senzala), do frevo, do maracatu etc. Da mesma forma, o grafite do Nordeste denota uma presença marcante dos traços da xilogravura. O hip-hop como um todo duplicou e reinterpretou a experiência da vida urbana, apropriando-se simbolicamente do espaço urbano por meio do sampleado, da postura, da mimese, da dança, do estilo e dos efeitos de som produzidos. A fala sobre metrôs, grupos e turbas, barulho urbano, economia estagnada, sinais estáticos e cruzados surgiu nas canções, nos temas e no som do hip-hop. Os artistas grafitaram murais e *logos* nos trens, nos caminhões e nos parques reivindicando seus territórios e inscrevendo sua outra e contida identidade na propriedade pública[82]. Os primeiros dançarinos de break, inspirados na tecnologia, elaboraram suas danças nas esquinas das ruas junto a blocos de concreto e placas e fizeram com que as ruas se tornassem teatros e centros provisórios para a juventude. A identidade eletrizante e robótica da dança – com suas transformações e caracterizações – prenunciou o efeito fluido e chocante da metamorfose, um efeito visual que ficou conhecido no *Exterminador do futuro 2*.[83]

Assim, o conjunto de técnicas utilizadas pelo movimento hip-hop finda por constituí-lo como uma estética transgressora. Para tanto, contribui a apropriação da sofisticada aparelhagem eletrônica, que conta com os recursos da reprodutibilidade técnica para a produção de uma arte de novo tipo, construída a partir de fragmentos de obras dos mais variados estilos e recompostos de um modo original. Em

---

[82] Nesse sentido, para o hip-hop, o trem serve tanto como um meio de comunicação entre os bairros e vizinhanças como uma fonte de inspiração e criação.

[83] Tricia Rose, "Um estilo que não segura: política, estilo e a cidade pós-industrial no hip-hop", cit., p. 193.

meio à recombinação, tem-se, ainda, muita recriação e ressignificação de suas experiências sociais – regionais e ancestrais – acumuladas historicamente. Daí o termo "glocal" para esse hibridismo cultural hip-hopper: local e global, atual e ancestral.

Nessa direção, o rap e, principalmente, os jovens rappers alertam para uma possível arte de viver que se apresenta simultaneamente como resistência – por não se tratar de transplantes culturais – e como emancipação – por se tratar de um lugar conquistado –, envolvendo, portanto, o confronto com os segmentos historicamente dominantes e opressores[84]. Ou seja, a visibilidade e o espaço de expressão alcançados pelos jovens que habitam as grandes cidades propiciam um lugar de pertença necessário à subjetividade dos sujeitos psíquicos e sociopolíticos em questão.

O hip-hop que chegou ao Brasil e rapidamente ganhou corpo como símbolo do combate à discriminação e ao preconceito étnico-social dá continuidade a uma história de luta por formas dignas de pertencimento. Entendo que, diante da organização histórico-social dessas populações cuja vida foi construída em uma estrutura social excludente e discriminatória, as recriações culturais, assim como as buscas por novos espaços, revelam uma dinâmica que vem atenuando e ressignificando o sistema escravagista brasileiro, todavia longe de ter suas marcas plenamente superadas.

---

[84] Christian Béthune, *Le rap*, cit.

3.
Copiando e colando
na sala de aula

Culturas juvenis em uma escola pública de São Paulo

Para apresentar o trabalho de campo realizado com os alunos da escola paulistana, faz-se necessário introduzir as conceituações e reflexões que sustentaram a elaboração metodológica criada com os jovens a cada entrada em sala de aula. Também é importante salientar que entendo esta pesquisa e intervenção como um método que envolve, como condição necessária para o enfrentamento das desigualdades, o comprometimento com a busca de alternativas adequadas às diferentes realidades sociais. Para tanto, assumo o papel de propositora de ações baseadas na mudança de paradigmas, no abandono de antigas concepções discriminatórias e preconceituosas, na construção coletiva de ações inovadoras por meio das quais acredito ser possível produzir rupturas nos discursos e práticas comuns, mobilizando novos referenciais[1].

---

[1] Umaia El-Khatib e Silvana Cristine de Oliveira Bragatto, *Mudando olhares, rompendo preconceitos, construindo novas estratégias de intervenção: caminhos do Programa de Pesquisa-*

A juventude pertence a uma categoria complexa e heterogênea que compõe diferentes modos de construção social da realidade sempre com base em seu *ethos*, estilos de vida e visões de mundo[2]. José Machado Pais[3] apresenta duas leituras possíveis das culturas juvenis. Uma baseada na ideia de um desenvolvimento prescritivo, que vai da infância à idade adulta, que concebe a adolescência e suas peculiaridades como ritos de passagem que se repetem nessa fase da vida. Outra que avança ao atentar para as expressividades juvenis cotidianas, relativas a uma nova sensibilidade que não é comparável à do adolescente de qualquer outra geração. Os jovens do século XXI conferem às suas expressões artísticas atividades e concepções de mundo com conotações disruptivas em relação ao controle e à ordem. Logo, extravagância, aventura, risco e experimentalismo são categorias importantes para a compreensão das sensibilidades juvenis inseridas em um contexto de estruturas sociais inconstantes, descontínuas e fluidas.

Assim, é de se notar que esses aspectos têm feito emergir nos jovens uma forte identificação com movimentos inovadores permeados por valores como autenticidade, mobilidade, elasticidade e flexibili-

---

-Extensão em Direitos Humanos/Direitos da Criança e do Adolescente (I Simpósio Internacional do Adolescente, Faculdade de Educação da USP, 2005).

[2] Gilberto Velho, "Epílogo", em Maria Isabel Almeida e Fernanda Eugênio (orgs.), *Culturas jovens: novos mapas do afeto* (Rio de Janeiro, Jorge Zahar, 2006).

[3] *Culturas juvenis* (2. ed., Lisboa, INCM, 2003).

dade. O desenho desse contexto social cujo futuro "desfuturizado" está governado pelo princípio da incerteza aparece, por exemplo, no destino incerto a que estão sujeitos os alunos dessa escola pública, que se encontra mais preocupada em atender às exigências da burocracia do que às necessidades da formação juvenil periférica.

Se, nas décadas anteriores à ditadura, a participação juvenil se dava pela filiação a partidos políticos e, depois, pela formação de associações de bairro, a partir dos anos 1990, o movimento juvenil ganhou outro fôlego ao promover uma virada cultural e criativa com tendências a recusar a ordem institucional global. Esse novo momento político de abandono dos partidos e das estruturas institucionais do Estado deixa de ser reconhecido como movimento social – partidário ou ideológico – e passa a ser concebido como parte das culturas juvenis reveladoras de constantes tensões, invenções e deslocamentos dos modos de viver vigentes na sociedade. Daí a importância de perceber as ambiguidades das oposições – resistência/conformismo e contestação/repetição – nas práticas juvenis. Estas podem estar em lugares inusitados, apresentando-se, inclusive, de formas parciais e fragmentadas, mas nem por isso devem ser interpretadas como não portadoras de crítica e potencial para a transformação.

São lutas transversais, que percorrem diversos países, em diálogos imprevistos, constituindo redes de lutas específicas; seu objetivo são os efeitos de poder enquanto tal, conformando-se como lutas imediatas (anárquicas) sem um *telos*, como nas lutas do século XIX ou até a metade do século XX. São lutas, desta forma, que criticam tanto uma ideia de evolução ou destino histórico como seu encaixe em um plano ou projeto societário maior.[4]

Na modernidade, entendia-se a resistência como uma acumulação de forças contra a exploração que se subjetivava por meio de uma tomada de consciência. Já na pós-modernidade, a resistência se dá com a difusão de comportamentos resistentes e singulares que, quando acumulados, o fazem de maneira intensiva pela circulação, mobilidade e alteração dos lugares de poder. Assim, se há diferenças entre juventudes a cada geração, seguindo o momento histórico e político, há também funções sociais da adolescência e juventude que reaparecem a cada vez. Uma delas é a capacidade de renovar a história ao captá-la e expressá-la de diferentes maneiras[5].

Da mesma forma, há também a presença do mundo interno do adolescente, cujos mais variados modos de expressão dependem do contexto e emergem a cada geração com novas configurações. As novas posturas e concepções juvenis parecem apontar para as necessidades psíquicas próprias do adolescente contemporâneo. Dadas as relações tênues que separam os valores e costumes entre as gerações, o jovem vive de modo ameaçador o para-

---

[4] Flávia Schilling, *As formas da contestação juvenil, ontem e hoje: quem, como? Três hipóteses para uma pesquisa* (I Simpósio Internacional do Adolescente, Faculdade de Educação da USP, 2005), p. 2. Disponível em <www.proceedings.scielo.br/scielo>. Acesso em 10/03/2006.

[5] Idem.

doxo da adolescência. Para se diferenciar do adulto, precisa distanciar-se dele, mas, para se construir e ter autonomia, necessita concluir suas identificações com esse mesmo adulto de quem precisa separar-se. Muitos adolescentes o fazem por meio da transgressão, seja pela via criativa – no caso, pela produção poética e musical de contestação –, seja pela via da atuação – presente na autodestruição ou em ações que envolvem a transgressão da ordem instituída[6].

A capacidade da juventude de captar a incoerência entre a prática cotidiana e o discurso social, esforçando-se para a superação de uma ordem hegemônica, autoritária e preconceituosa, expressou-se, na escola pesquisada, tanto por meio da atuação (*acting-out*) quanto pela denúncia poética dos jovens. Foi um desafio sustentar um olhar atento ao potencial crítico das mensagens presentes nas culturas juvenis, dirigidas não apenas ao mundo adulto, concebido abstratamente, mas ao que este representa em termos de avanço e retrocesso no campo civilizatório.

Em suma, é importante desvendar as sensibilidades performativas das culturas juvenis em vez de nos aprisionarmos a modelos prescritivos com os quais os jovens já não se identificam.[7]

Nessa direção, para uma melhor compreensão dos desdobramentos políticos dessas expressões cultu-

---

[6] Philippe Jeammet e Maurice Corcos, *Novas problemáticas da adolescência: evolução e manejo da dependência*, cit.

[7] José Machado Pais, "Prefácio", em Maria Isabel Almeida e Fernanda Eugênio (orgs.), *Culturas jovens*, cit., p. 13.

rais, foi preciso observar a maneira de viver desses jovens – os produtos culturais, gostos, opções de entretenimento, danças, roupas, que têm como princípio a estética do pegue e misture.

O estilo de vida e as práticas sociais dos grupos revelam um tipo de consumo e de produção que os desterritorializa e reterritorializa. A partir do funk e do hip-hop esses jovens elaboram valores, sentidos, identidades e afirmam localismos, ao mesmo tempo que se integram em um mundo cada vez mais globalizado. Ao construir seu mundo a partir do improviso, da montagem de elementos provenientes também de uma cultura transnacionalizada, em cima daquilo que está em evidência naquele momento, esses jovens, se não ressituam sua comunidade, amigos e a si mesmos no mundo, pelo menos denunciam a condição de excluídos da estrutura social.[8]

As negociações e tensões, a afirmação das diferenças e os hibridismos parecem garantir visibilidade, vitalidade e algum poder de reivindicação aos jovens. Nas intervenções em classe com os alunos, a rima apresentou-se como porta-voz das denúncias, expressões pessoais e coletivas, (re)posicionamentos, clamores, gritos, diálogos, crônicas e narrativas de histórias que foram induzidas ao esquecimento pelos meios de comunicação do poder público. Assim, a poesia escrita e cantada, em suas mesclas com o ritmo do rap, foi a forma escolhida pelos alunos para expressar a violência e o abandono a que estão relegados a viver.

---

[8] Micael Herschmann, *O funk e o hip-hop invadem a cena* (Rio de Janeiro, UFRJ, 2005), p. 214.

Da mesma forma como ocorreu nos Estados Unidos, observa-se que, no Brasil, o momento da expansão da escola pública de baixa qualidade (pseudodemocratização do ensino brasileiro) condiz com a entrada do movimento hip-hop no país. Aliado ao sucateamento da escola, ocorreu um processo de massificação cultural que, paradoxalmente, tornou acessível aos jovens uma tecnologia eletrônica de alta qualidade, o que, por sua vez, possibilitou a expansão, apropriação e recombinação musical feita pelo hip-hop. Nessa direção, as culturas juvenis parecem implodir a alienação opressiva que recai sobre os jovens pobres moradores das periferias e alunos das escolas públicas brasileiras.

As recentes pesquisas quantitativas produzidas nos últimos anos por instituições como a Fundação Seade e o IBGE revelaram que a violência, embora não contemplada pela pesquisa acadêmica, permaneceu como um aspecto fundamental da condição juvenil. Os números confirmam que a juventude tem sido o segmento social mais atingido pelas mortes violentas. Essa questão, agora admitida como um problema social de extrema gravidade, foi anteriormente apreendida no plano do sensível pelos jovens filiados ao movimento hip-hop. Ainda no início dos anos [19]90, mesmo não dispondo de dados objetivos, os rappers produziram as primeiras narrativas sobre as situações dramáticas que presenciavam nos bairros periféricos. Antecipando-se aos dados oficiais, descreveram um quadro preocupante de perdas de vidas humanas entre a juventude pobre que classificaram como holocausto urbano. Sabemos agora que essa expressão não era um mero exagero de retórica, mas expressão de um sentimento íntimo sobre a cruel realidade que se configurava.[9]

A globalização e a pós-industrialização tanto tornaram as grandes metrópoles e periferias mundiais mais semelhantes umas às outras quanto aproximaram a juventude em um só complexo e grande movimento conhecido por hip-hop. As juventudes provenientes de comunidades da diáspora africana, deportadas e escravizadas em diferentes locais do mundo, como a afro-americana e a afro-brasileira, encontraram na cultura maneiras de recriar suas respectivas tradições musicais. Em seu proveito, utilizam as formas de reprodutibilidade técnica da arte de modo a traduzir para a poesia do rap, do grafite, do recorte e colagem e da dança do break as angústias e revoltas vivenciadas em seus guetos e favelas.

Partindo da apreensão de que essa cultura juvenil se equilibra no limiar da exclusão e da exigência de integração social, propus construir, *in loco* e coletivamente, a metodologia deste trabalho. O mote era dilatar as vozes, ouvir as novas sintonias que recuperavam e reeditavam histórias de seus antepassados, os timbres não escutados e, até então, não escutáveis por mim, e atentar-me para as sonoridades inquietas, criativas e ávidas por autonomia.

---

[9] José Carlos Gomes da Silva, "Juventude e segregação urbana na cidade de São Paulo: os números da vulnerabilidade juvenil e a percepção musical dos rappers", *Ponto urbe: revista do Núcleo de Antropologia Urbana da USP*, ano 1, jul. 2007, p. 1.

A seguir, compartilho um rap escrito pelos alunos que expressa a situação que estão constrangidos a experimentar:

Às vezes pra vencer na vida é preciso ser agressivo.
Somos grupo Elementos pensamentos positivos.
Nosso governo é sinistro e só quer ganhar dinheiro.
Aqui os mano não se ilude que os mano é brasileiro.
Por isso eu te falo com muita convicção.

(Refrão)
A falta de emprego e compreensão
Transporta o pivete pra uma vida de ladrão.
A falta de emprego e compreensão
Mata os sonhos da pessoa e joga dentro do caixão.

Muito Zé Povinho errado e cheio de ganância.
Somos manos de direito e ainda temos esperança.
Fizemos essa letra com força de vontade.
Só queremos expressar um pouco da realidade.

Hoje em dia quem é quem, isso é o que importa.
A lei do mata-mata é o poder que abre as portas.
Essa é a lei de satanás, quem não têm respeito faz.
Com uma arma na cintura você vê quem pode mais.

Não quero ser mais um moleque, irmão da vida do crime.
Levantei minha cabeça e agora sigo firme.
Muitos jovens hoje em dia nessa pura fantasia.
Se envolvendo com o crime pra vencer seu dia a dia.

A vida é tipo assim, feito uma selva de bicho.
Por isso, tudo o que for fazer de bom, faça com capricho.
A mil por hora vejo bater meu coração.
Vi muita gente ruim, gente que mata sem perdão.

Um salve eu vou deixar pros mano da quebrada.
Real Parque Panorama é ZONA SUL que se enquadra.
Mano, eu falo pra você então, sem tumultuar.
Aqui é ZONA SUL, maluco, chega devagar...[10]

As experimentações da pesquisa: um método em construção

Mediante o interesse dos alunos de uma classe de 8º ano, organizei um grupo de estudos com os professores da escola. A proposta era estudar e discutir o tema de grande denúncia dos jovens, a saber, o preconceito étnico-social. Era necessário estabelecermos um diálogo a respeito dos desdobramentos do passado escravocrata brasileiro que, por sua vez, proliferou as bases do preconceito e da discriminação étnico-social de nosso país. Tomando em consideração a história do aldeamento forçado do Brejo dos Padres, os estudos se voltaram para as culturas nordestinas que, assim como o rap, trabalham o improviso, o ritmo, as rimas e a poesia.

Alguns fatores sustentaram a escolha desse percurso que, pela via poética e cultural, buscou retomar um passado marcado por diásporas e aldeamentos e ressignificar um presente permeado por experiências de preconceito e discriminação. Foram eles: a idade dos alunos, adolescentes de 13 e 14 anos; a forma como esses jovens apresentaram a própria problemática do preconceito e da discriminação, em especial por meio da reprodução das letras de rap do

---

[10] Este rap, "Realidade e não fantasia", foi apresentado na formatura dos seguintes alunos do 9º ano: Diógenes, Cesário e Gabriel.

grupo Racionais MCs; e, principalmente, pelo fato de haver um não dito, uma negação, em torno de suas próprias histórias de vida. Entendo que, apesar de os jovens aparentemente não se afirmarem nem se identificarem com os elementos nordestinos, indígenas e afro-brasileiros fortemente presentes nas histórias de seu passado recente, a busca pelo rap e pelo hip-hop expressava, sem que eles se dessem conta, toda a história de diásporas, aldeamentos e hibridismos. Como não lhes era possível afirmar suas identidades étnicas e sociais naquele ambiente escolar, identificavam-se com as culturas de tradição oral e, por meio delas, expressavam seus sofrimentos na sala de aula.

A linguagem cindida dos alunos[11], que pareciam oscilar entre a admissão e a negação das relações de pertencimento às comunidades afro-indígenas paulistanas e nordestinas, chamou a atenção para as possibilidades de uma atividade em grupo que potencializasse a criação poética e a afirmação étnico--social desses jovens no interior da própria escola. Um dos professores do grupo de estudos salientou que tal linguagem dúbia poderia representar uma es-

---

[11] Foram elas: "Não conheço a cultura afro-brasileira, mas sei que eles foram escravos e ainda sofrem"; "Gosto de rap, funk e pagode [...], não conheço a cultura afro-brasileira"; "Não conheço a cultura afro [...], no Orkut, sou afro-brasileira". E ainda: "Eu conheço mais ou menos os Pankararu. Meu pai e minha mãe são Pankararu. O que eu sei sobre eles é que eles vieram de Pernambuco e lá eles comiam com a mão. Eu adoro a dança deles"; "Não conheço nada, mas gostaria de conhecer, porque sou um deles, mas eu sei que eles usam tranças".

tratégia de sobrevivência étnica que, por mais contraditório que pudesse parecer, era comum entre grupos minoritários, como defesa e enfrentamento da discriminação por parte dos colegas ou da própria escola. De fato, os jovens estão inseridos na conservadora metrópole paulistana e em uma escola que não os reconhecia e sequer considerava a existência de uma cultura afro-indígena. Reconheço que uma parte de tais defesas se deve à discriminação efetivamente exercida sobre eles, tanto aquela expressa no currículo escolar e em seus conteúdos quanto a explicitada nas atitudes do corpo escolar e da vizinhança. Também compreendi que a organização da escola, o quadro de horários, a distribuição das matérias, a concepção de homem e de mundo expressa nos livros didáticos, assim como a precarização do trabalho do professor, sua sobrecarga burocrática, seu consequente e reforçado silenciamento político e seu distanciamento das atividades intelectuais, escancaram o abismo entre a escola e o aluno. A denúncia dos próprios jovens não fazia referência apenas a uma diferença de gerações ou aos tempos modernos e pós-modernos, mas principalmente à formação de um país escravocrata que se constituiu de forma discriminatória e preconceituosa e, por isso mesmo, não se preocupou em oferecer uma educação pública de qualidade.

 A tentativa de compreender essas circunstâncias mobilizou o grupo de estudos, que se pôs a pensar quão complexos são os fatores responsáveis pelas dificuldades desses alunos em se autoidentificar do ponto de vista étnico-social. Assim como os jovens, os professores também se mostraram bastante hesitantes, quando não ambivalentes a esse respeito.

De forma a promover rupturas no modo contraditório de lidar com o passado recente, elaborei um plano de intervenção cujo objetivo era propiciar um deslocamento gerador de ligações e acasalamentos entre São Paulo e o Nordeste, a metrópole e o sertão; o presente e o passado. Esse vaivém no tempo, nas culturas e nas regiões brasileiras poderia (re)estabelecer um elo rompido na história política e familiar desses jovens, de modo a propiciar elementos para as discussões acerca do preconceito e da discriminação, tão denunciados por alunos e professores? Ao percorrer as culturas populares tradicionais do cordel e dos repentes e as juvenis, populares e internacionais, como o rap e o hip-hop, pretende-se refletir sobre a história e a experiência social dessa comunidade emblemática afro-indígena paulistana e sertaneja nordestina. E, com isso, avaliar as possibilidades de um exercício de afirmação étnico-social do passado (re)negado no ambiente escolar e social desses jovens.

Desse modo, a partir do entendimento de que o termo "hibridismo cultural" expressa todo um movimento humano – e, portanto, criativo – de atualizar e renovar as experiências sociais, procurei desenvolver um olhar sobre as culturas populares nãocomo fósseis intocáveis, mas, como afirmou o DJ Lins: "muito pelo contrário, a ideia é criar condições para que elas dialoguem com o mundo contemporâneo, fertilizando-se no processo e assim voltando à vida"[12].

---

[12] Citado em Herom Vargas, *Hibridismos musicais de Chico Science & Nação Zumbi*, cit., p. 64.

Assim, levado pelo interesse pelas culturas nordestinas, indígenas e afro-brasileiras com base na oralidade, o grupo de estudos recorreu a pesquisas em torno dos pilares de sustentação e preservação da cultura oral. A característica do anonimato, a preservação do patrimônio cultural pela via da oralidade, a manutenção e movimentação pela tradição e a transmissão de geração a geração constituem os aspectos fundamentais da cultura oral. Logo, sua perpetuação se deve à capacidade mnemônica e à criatividade de cada um, que organiza a informação a seu modo. Na tradição popular, a primeira fase do processo difusivo é a despersonalização dos temas, impossibilitando uma identificação histórica e possibilitando os movimentos de apropriação, recombinação e reinvenção da cultura[13].

Nessa direção, a história das principais manifestações orais do sertão nordestino – como o folheto de cordel e os repentes da cantoria de viola e do coco de embolada – demonstra que a presença da cultura oral está nas diluições, nos deslocamentos, nas condensações e nos semiesquecimentos da memória individual e social. Ainda, que há duas fontes contínuas que mantêm a manifestação poético-literária: uma exclusivamente oral, perpetuada pelos contos, rodas, danças cantadas, jogos, cantigas, repentes, anedotas, lendas, adivinhações etc.; e outra por meio da reimpressão de folhetos – no caso do Nordeste, do folheto da literatura de cordel. Vale ressaltar que, com ou sem fixação tipográfica, essa literatura pertence à oralidade. Afi-

---

[13] Luís da Câmara Cascudo, *Literatura oral no Brasil*, cit.

nal, foi feita para o canto, para a declamação, para a leitura em voz alta e para ser depressa absorvida pelas águas da improvisação popular e assimilada à poética dos desafios.

A primeira delimitação do trabalho com os alunos versou sobre as culturas cordel, rap e repente. Partindo da constatação de que a regularidade, marcada pela métrica ou ritmo, é a peça fundamental para a construção e preservação da tradição oral, as atividades em classe pretendiam estimular a produção poética dos jovens nas mais variadas métricas – do folheto de cordel aos repentes da cantoria de viola. Tal regularidade consiste nas repetições de métricas fixas que oferecem marcas e pistas – tanto para quem improvisa quanto para quem ouve – sobre o caminho que a composição seguirá.

Assim, ao apresentar as regras da métrica, da rima e da oração de dada expressão artística, li um cordel em voz alta, e os alunos rapidamente começaram a responder, recriando a rima final sem nenhuma consulta prévia. O importante não era adivinhar a palavra escrita no folheto, e sim dar sua própria versão, criando a rima adequada para cada oração. O convite era para que cada jovem contasse sua própria história, sem deixar de lado as regras e métricas da forma poética em questão.

Essa atividade não foi difícil, uma vez que muitos jovens disseram lembrar as histórias de cordel e de repente que ouviram de suas famílias. Tal exercício foi a base para o trabalho com a rima e o improviso em classe e, por conseguinte, levou os alunos a escrever seus próprios versos, criar suas próprias rimas e se afirmar etnicamente. Em um trabalho pautado pela associação livre e pela métrica literária, os jovens responderam ao desafio de construir poesia de repente com muita perspicácia e criatividade.

Criações poéticas e afirmação étnico-social entre jovens

Depois de ressaltada a importância da regra da oralidade e da forma poética (métrica) de manifestações culturais, comecei a trabalhar com os alunos as possibilidades de rimar, metrificar, construir versos e cordéis e elaborar poesias livres. Os alunos apropriaram-se desse espaço de modo a potencializar e propiciar a criação poética em sala de aula.

Tomando em consideração os princípios excludentes que historicamente têm prevalecido na constituição da sociedade brasileira, pautada pela discriminação e humilhação de contingentes de migrantes das regiões Norte e Nordeste e de etnias não brancas, passarei ao relato das intervenções com o intuito de apontar a forma como essa travessia simbólica, ou rito de passagem, tem se dado para os jovens pobres cuja trajetória familiar traz as marcas da migração nordestina para o Sudeste, o que resulta em uma mistura singular entre sertanejos, indígenas e afro-brasileiros.

Nessa direção, passarei a relatar os encontros com os alunos, entremeados com as reflexões e análises que orientaram a construção metodológica das intervenções em classe e, ao mesmo tempo, propiciaram o espaço para a criação poética e a afirmação étnica dos jovens. Todo esse trabalho realizado em sala de aula culminou na publicação de um folheto de versos com as poesias e desenhos dos alunos.

Iniciei as intervenções com uma conversa sobre os saraus da Cooperativa dos Artistas da Periferia (Cooperifa), que estavam acontecendo principalmente nas "quebradas" de São Paulo. Em grupo, desvendamos as palavras "sarau", "cooperativa" e "periferia". Apresentei a Agenda Cultural da Periferia, editada todo mês pela ONG Ação Educativa, e algumas das muitas iniciativas de estímulo a poesia, literatura, rap e outros estilos musicais em curso, em São Paulo.

Rapidamente, o tema da discriminação tomou a cena. Uma aluna exclamou:

– As pessoas dizem que na periferia só tem ladrão.
– Ladrão rima com discriminação – glosei com os alunos.
– E ainda com escravidão – desafiou a professora de história.
– Tem que rimar com cidadão! – desafiou outro aluno.

Ressaltei que os saraus mostravam como havia artistas, cultura e experiências desse tipo na periferia. Esse início deu o mote para a construção coletiva do primeiro cordel da classe, que será apresentado a seguir.

Mostrei aos alunos um folheto que continha diferentes versos metrificados na sextilha do folheto de cordel. Ele havia sido impresso recentemente como produto final de um pequeno curso sobre poesia, oferecido pela Biblioteca Municipal Alceu Amoroso Lima, no bairro de Pinheiros, em São Paulo. Como eu havia participado desse curso, um dos cordéis publicados era de minha autoria e falava sobre a escravidão e sua abolição. Após a leitura, um aluno fez contas e deu início à seguinte discussão:

> No ano que vem, esse marco (da abolição) vai fazer 120 anos, só isso!

Outro continuou:

> Mas isso é muito pouco tempo, minha bisavó viveu cem anos.

E uma complementou:

> E tem trabalho escravo até hoje.

Em grupo, conversamos sobre o ano e o dia da abolição da escravatura, que foi um marco para muitos escravos, mas, da mesma forma que nessa data já havia ex-escravos, muitas pessoas continuaram e continuam vivendo sob um regime muito próximo da escravidão, no que diz respeito à exploração e ao desrespeito aos direitos sociais. Uma aluna contou que uma novela veiculada recentemente mostrou os afro-brasileiros ex-escravos saindo do cativeiro e, em seguida, os imigrantes italianos chegando ao Brasil. Como ela deu ênfase ao fato de que nas cenas seguintes da novela nada foi dito sobre o destino daqueles ex-escravos, focando no cotidiano dos imigrantes, perguntei à classe:

> Com a abolição, para onde foram esses afro-brasileiros?

Iniciou-se uma conversa sobre o abandono do Estado em relação a essa população, que remonta à época colonial, mas continua presente pelo modo como é tratado o povo humilde das metrópoles. O termo "humilde" era empregado com frequência pelos próprios jovens em sala de aula para se referir à gente pobre que habita as favelas.

Uma professora, afro-brasileira, explicou aos alunos o projeto das cotas sociais e étnicas. Enquanto eu ressaltava a polêmica dos argumentos contra e a favor da proposta, um aluno pegou o folheto do cordel mencionado acima e pediu que eu lesse um texto chamado "38". O texto referia-se a um menino que teria oferecido a um senhor duas calças número 38. No entanto, esse senhor, distraído que era, entendeu que ele estava vendendo uma arma calibre 38. Toda a história se passa com o senhor assustado, impressionado, indignado, tentando decidir o que falar ao menino. Quando junta forças para falar, o menino "quebra suas pernas" (conforme explicou um aluno), corrigindo a ideia equivocada do senhor. Os alunos se divertiram e participaram da leitura – ora descobrindo, ora recriando a última palavra de cada estrofe –, respeitando as regras da rima.

Sem prolongar o tema e com uma entonação irônica, uma aluna gritou do fundo da sala que na escola havia muitos desses senhores distraídos. Salientei para a classe a denúncia da aluna sobre o preconceito. Em seguida, escrevi a palavra "PRECONCEITO" na lousa, à qual os alunos associaram o termo "desrespeito". Com isso, começamos a conversar sobre o que era a literatura de cordel e sobre sua métrica básica – a sextilha.

No encontro seguinte, retomei a conversa da semana anterior e li para os alunos outro cordel recém-escrito por mim e duas professoras. O texto, intitulado "Batalha ou desafio", falava sobre a última intervenção em sala de aula e foi escrito seguindo a métrica da sextilha. A leitura aconteceu no ritmo de uma conhecida poesia popular cujo número de sílabas por verso (sete) corresponde ao número exigido na sextilha do cordel, a saber:

> Batatinha quando nasce,
> Espalha ramas pelo chão
> [...]

Assim, partindo da intervenção anterior, dei início a uma nova atividade em classe. No decorrer da leitura, os alunos logo se apropriaram do exercício e passaram a completar todas as últimas rimas da sexta linha – o sexto verso – na métrica X A X A X A, recriando as histórias a seu modo.

Ao sair da classe, pensamos	X
Vamos fazer um cordel	A
Resumir nossa conversa	X
De maneira bem fiel	A
Pros alunos do Alcântara	X
Acompanharem no papel	A
A história começou	X
Quando um dia fomos contar	A
Do sarau da Cooperifa	X
Onde vão para rimar	A
Os rapazes "hip-hoppers"	X
Que são bons para cantar!	A
Começou o intervalo	X
A turma toda dispersou	A
A Mayane inteligente	X
Logo se interessou	A
Com a amiga Tati	X
Correu e o livro buscou	A

A colega Andressa   X
Entusiasmada nos cont*ou*:   A
"Sou filha de nordestinos,   X
Isso sim é o que *sou*!"   A
E desafio eu sei o que é!   X
Ela logo expli*cou*...   A

"É como uma batalha[14]:   X
Uma frase um solt*ava*   A
E outro, desafiando,   X
Uma melhor denunci*ava*.   A
Importante era encontrar   X
a palavra que rim*ava*!"   A

Escolhemos até um mote   X
Dizia ele que é ment*ira*   A
Que lá na periferia   X
Só aparece quem at*ira*   A
Pois decidimos que a rima   X
Essa sim que nos insp*ira*   A

Depois veio a ideia   X
Que também não é verd*ade*   A
Que lá na periferia   X
Só tem é a mald*ade*   A
Afinal, estamos aqui   X
Buscando a felicid*ade*!   A

Lucas acrescentou...

E que quem nasce por lá   X
Logo cedo é la*drão*   A
A colega então falou: X

---

[14] Batalha é um "desafio", uma disputa de improvisos, presente em todos os elementos do hip-hop (grafite, rimas, break etc.)

"Ei, aqui tem é cidadão!" A
E a outra respondeu: X
"ABAIXO A DISCRIMINAÇÃO!" A

O cordel que é do passado X
Do presente também é A
E na rima com o rap X
É que temos muita fé A
Os dois são bem brasileiros X
Assim como o café A

Jefferson, muito curioso, X
Virou e perguntou: A
"O que é o tal do MC?" X
Tati no livro pesquisou! A
"Mestre de Cerimônias", X
Foi o que ela encontrou! A

Esse foi nosso cordel X
Feito todo em sextilha A
Para a 7ª série A X
Que conosco compartilha A
Conhecimento e alegria X
Nos deixando bem na pilha. A

Foi interessante retomar o exercício, que já havia funcionado na intervenção anterior e, nessa segunda vez, conseguiu uma adesão renovada, já que grande parte dos alunos demonstrou entusiasmo e criatividade. Fui à lousa explicar de maneira mais detalhada o que é uma sextilha, ou seja, o tripé da métrica, rima e oração. A professora de literatura brasileira salientou a diferença entre as sílabas poéticas e as sílabas gramaticais. Assim, todos juntos, observamos estrofe por estrofe do cordel recém-

-escrito com o intuito de analisar quais versos continham o número correto de sílabas e quais podiam ser melhorados.

Para explicar o que é uma rima, fui ao texto para que os alunos diferenciassem as rimas dos versos órfãos de cada estrofe do cordel. Essa separação possibilitou deduzir a fórmula da sextilha: X A X A X A, sendo X para os versos sem rima (versos órfãos) e A para os que apresentam a rima. Quanto à oração, perguntei: o que é a oração de um texto? Os jovens concluíram, ludicamente, que oração rimava com redação e, portanto, oração é o que dá o sentido ao texto. Uma estrutura com começo, meio e fim. Um aluno resumiu:

> Um cordel sem pé nem cabeça é um cordel sem oração.

Então, li uma estrofe e, sem ler a última palavra, deixei que eles respondessem, assim como já havíamos feito. Entre os que responderam, sobressaíram três palavras. Perguntei qual termo acertava a rima e a métrica. Eles responderam que todas. Perguntei qual mantinha o sentido. Segundo eles, apenas uma das respostas mantinha a oração, ou seja, uma entre as três respostas cumpria todas as regras da sextilha: rima, métrica (sete sílabas) e oração (texto com coerência). Assim, chegamos à regra da sextilha no cordel.

Em seguida, fizemos uma rodada em que cada aluno leu uma frase, ou seja, um verso. Foi um momento importante em que pude perceber a resistência de alguns em participar, fato que atribuo à dificuldade em ler. Nesse momento, identifiquei quatro jovens que pouco ou nada sabiam ler e escrever.

Faço aqui duas observações. A primeira se refere à importância da palavra falada como constituinte de laços sociais, em particular do canto falado, que é indissociável do próprio ato de falar e se encontra fortemente presente na cultura juvenil do rap e em todas as demais manifestações de base oral. Posso até mesmo afirmar que isso foi o que unificou as relações desse grupo de intervenção. A outra observação é o fato de que, apesar de vivermos em uma sociedade profundamente marcada pela palavra escrita, as atuais escolas públicas brasileiras não garantem essa aprendizagem. No limite, a rima e o canto falado (rap, repente, embolada) invertem a dominância frequentemente encontrada na escola, que tende a sobrepor a escrita à oralidade.

Béthune[15] afirma que o rap inaugura um novo conceito de cultura letrada e escrita, pois aponta para as inúmeras possibilidades de enriquecimento por meio da linguagem oral. Para ele, é um conceito que caminha no sentido inverso do que propõe a escolaridade formal. Essa inversão na relação de subordinação da linguagem oral à escrita remeteu-me ao transbordamento verbal dos jovens alunos rappers, que parecem partir de uma liberdade intelectual muito favorável às formas de elaboração oral e associativa do pensamento. Uma liberdade que contamina a escrita e a consciência e apresenta outras possibilidades de enriquecimento da linguagem.

A espontaneidade no improviso e a forma lúdica de lidar com os ritmos e com as possibilidades de

---

[15] Christian Béthune, *Le rap*, cit.

criar, rimar e até inventar palavras, tanto das culturas populares tradicionais quanto das culturas populares internacionais, como o rap, compõem o amplo espectro de produção estética em que a oralidade prevalece sobre a escrita. Afinal, ao ouvir um rap de improviso, constata-se que

> não se poderá jamais traduzir completamente a fala para a escrita, porque certos usos e modos da fala, ligados às ocorrências performáticas de enunciados em situação, não são reiteráveis, isto é, são irredutíveis às práticas discursivas da língua escrita.[16]

Daí, mais uma vez, a importância de uma cultura juvenil como o rap, que, baseada na oralidade, retoma e salienta a irredutibilidade da oralidade à lógica da escrita. Segundo o entendimento de que "a escola, como hoje a televisão, foi a instituição que disciplinou o silêncio e a alienação da palavra"[17], entendo que a entrada dessa cultura juvenil na escola pode, de fato, retomar a capacidade da fala e da cultura oral. A capacidade de tomar a palavra é exigência democrática essencial; todavia, o ensino da língua falada na escola (in)existe tanto quanto o ensino do português, da leitura e da escrita. Apesar de não apresentarem dificuldades de comunicação nas situações da vida cotidiana, os alunos mostram que, em vez da escola, parece ser o hip-hop a instituição que está chamando-os a colocar suas competências linguísticas

---

[16] Maria Cecilia Cortez Christiano de Souza, "A dignidade da palavra e a escola", em Jean Lauand (org.), *Filosofia e educação: estudos 6* (São Paulo, Factash/CEMOrOc, 2008), p. 4.

[17] Ibidem, p. 1.

a serviço das atividades escolares e, por extensão, da fala pública[18]. Pegando esse trilho, procurei sublinhar nas intervenções em classe a importância de aprender a dominar a palavra nas situações em que a linguagem não serve somente para agir ou manifestar um desejo, mas para expor uma opinião, explicar, argumentar e se afirmar/impor como sujeito psíquico e político.

A atividade subsequente foi realizada em cinco pequenos grupos, que ensaiaram e apresentaram um jogral com o cordel. Os professores procuraram se espalhar, cada um com um grupo. Os jovens, ao treinar a leitura, observaram que, devido à forma do cordel, havia versos complicados de ler em função do ritmo e da métrica; quanto ao conteúdo, muitos disseram haver estrofes das quais gostaram mais que outras. Com base nessas observações, abri o debate a toda a classe. Com muito custo e com o auxílio dos educadores, os alunos foram se expondo. Afinal, "vencer o medo e se autorizar ao uso da palavra na cena pública é problema sobre o qual a psicanálise tem muito a dizer: é também questão social e problema da escola"[19].

Entre tudo o que os jovens falaram, houve um consenso: a identificação com a experiência do preconceito e da discriminação a que estavam sujeitos e a recusa a aceitar tal situação. Alunos comentaram alguns versos:

– Sou filha de nordestinos, isso sim é o que sou.
– Eu sou nordestina, mas todos riem quando digo isso.

---

[18] Idem.
[19] Ibidem, p. 9.

– Ei, aqui tem é cidadão [...]. ABAIXO A DISCRIMI-
NAÇÃO!
– Gostamos dos versos da discriminação porque vivemos isso.

Outra aluna contou a seguinte passagem vivida pela classe:

Um dia, fomos ao teatro. Fizemos bagunça, mas todo mundo que estava lá estava zoando, não era só a gente. Só que um moço pegou o microfone só para falar "várias" da periferia, falou supermal. Nós ficamos bem quietinhos ouvindo o cara.

Disse isso encolhendo o corpo. Chamou-me a atenção o paradoxo presente nas falas dos alunos. Pontuei para a classe que, apesar da humilhação e até paralisação diante da fala do moço com o microfone no teatro, naquele momento eles estavam denunciando essa violência na sala de aula. Aqui, entendo que a denúncia desses jovens sobre suas experiências de preconceito e discriminação pressupõe suportar o mal-estar de ter de se sustentar com o domínio da palavra, ou seja, sustentar a própria crítica, afrontar a palavra alheia e afirmar o direito de falar e de ser ouvido perante pessoas em posição superior na escala hierárquica da desigualdade social. Eis a importância do exercício da fala pública:

> Pressupõe reconhecer e desatar as armadilhas do poder, velhas artimanhas que os grupos dominantes desenvolveram com rara perfeição no Brasil – a capacidade da fala ser o espetáculo de redução do outro ao silêncio. Enfrentar a sedução da palavra douta, as reticências que fazem supor um saber, a mordacida-

de, o subestimar da inteligência, a deslegitimação do locutor, o hábito de não chamá-lo pelo nome ou nomeá-lo erradamente etc. Consiste em aprender a denunciar as astúcias que distorcem a palavra, proibir o uso deslocado de correções e de informações secundárias, resistir à adulação, à cooptação, ao isolamento etc. Enfim, as formas tradicionais de exercício do poder: que cala ou transforma a fala alheia em mera ecolalia.[20]

Conforme a autora, partindo de toda essa exigência e audácia da palavra – que vai do domínio das paixões até a adequação ao contexto, a capacidade de dirigir-se ao outro, de levar em conta a presença do outro, de escutar e controlar a entonação –, deve-se lembrar que a ideia de praticar uma democracia escolar na preparação à cidadania civil esbarra, assim, na falta de domínio da fala e da escuta pública por parte de professores e alunos. Nessa linha, entendo que "a tarefa da escola pública, política e psicanaliticamente esclarecida", é propiciar a cada sujeito a construção do próprio discurso[21].

Não sei se os demais jovens presentes no referido teatro também viviam em comunidades-favelas; contudo, a fala da aluna parecia dizer de um lugar já esperado. Rapidamente, foram decifradas mensagens instituídas que, de fato, estão implícitas no olhar e presentes na entonação, no gesto e na forma de direcionar-se ao jovem que mora nessas comunidades. Em grupo, refletimos sobre os poten-

---

[20] Idem.
[21] Ibidem, p. 11.

ciais da fala e da escuta quando não se encontram tão impregnadas por estereótipos. Nessa direção, para um trabalho com jovens em situações-limite, é preciso haver uma escuta atenta ao contexto social brasileiro.

Uma escuta informada e fundamentada em questões como humilhação, exclusão e privação que tem como objetivo romper um discurso que se instaurou e contribuiu significativamente no processo de subjetivação destas pessoas. A humilhação pode ser entendida como uma modalidade de angústia relacionada ao impacto traumático da desigualdade de classes.[22]

"Romper um discurso que se instaurou" foi o que tentei propiciar à classe por meio do depoimento da aluna. A fala "nós ficamos bem quietinhos ouvindo o cara" e o gesto corporal de encolhimento carregam uma formação psíquica e social marcada pelo abandono e pela humilhação.

A humilhação é uma modalidade de angústia que se dispara a partir do enigma da desigualdade de classes. Angústia que os pobres conhecem bem e que, entre eles, inscreve-se no núcleo de sua submissão. Os pobres sofrem frequentemente o impacto dos maus-tratos. Psicologicamente, sofrem continuamente o impacto de uma mensagem estranha, misteriosa: "vocês são inferiores". E, o que é profun-

---

[22] Silvia Maia Bracco, "Exclusão e humilhação social: algumas considerações acerca do trabalho com crianças e adolescentes", em Monica Teixeira do Amaral (org.), *Educação, psicanálise e direito: combinações possíveis para se pensar a adolescência na atualidade* (São Paulo, Casa do Psicólogo, 2006), p. 70.

damente grave: a mensagem passa a ser esperada, mesmo nas circunstâncias em que, para nós outros, observadores externos, não pareceria razoável esperá-las. Para os pobres, a humilhação ou é uma realidade em ato, ou é frequentemente sentida como uma realidade iminente, sempre a espreitar-lhes, onde quer que estejam, com quem quer que estejam. O sentimento de não possuírem direitos, de parecerem desprezíveis e repugnantes, torna-se-lhes compulsivo: movem-se e falam, quando falam, como seres que ninguém vê.[23]

Outro aluno contou:

Nós não podemos jogar bola na praça aí da frente, só quem mora nos prédios que pode.

Concordei com os jovens que há muros invisíveis e regras não explicitadas que nos passam todas essas mensagens. Juntos, lembramos dos desenhos cheios de muros que eles fizeram nos primeiros encontros. Esse cenário faz referência a uma rede simbólica que definia os lugares possíveis a serem ocupados por esses cidadãos, os quais, aos olhos de muitos, são temidos e não possuem direitos.

Ainda nessa intervenção, um grupo de meninos que não queria se apresentar elegeu o aluno com maior dificuldade de leitura para ir até a frente da sala. Como eu estava ciente de sua situação, fiz um "jogral" com

---

[23] José Moura Gonçalves Filho, *Passagem para a Vila Joaniza: uma introdução ao problema da humilhação social* (Dissertação de Mestrado, São Paulo, Instituto de Psicologia, Universidade de São Paulo, 1995), p. 167, citado em Silvia Maia Bracco, "Exclusão e humilhação social", cit.

ele. O aluno apresentou sérias dificuldades para ler. No início, alguns colegas começaram a fazer chacotas, mas o jogral não parou. Em voz baixa, eu lia a parte do aluno para que, em voz alta, ele pudesse repetir. Tal atividade revelou-se importante, recebendo, inclusive, o reconhecimento da classe. Apesar de a leitura ter sido lenta, o aluno mostrou-se tão interessado que a classe parou, ouviu e, no final, aplaudiu. Acolhê-lo foi essencial, uma vez que ele representava (e denunciava) uma dificuldade que é de toda a classe e um problema político que é de todas as escolas públicas brasileiras, salvo exceções. Desse modo, compreendi que aceitar os problemas escolares, refletidos nas dificuldades dos alunos, sem um julgamento moral e discriminatório pode fortalecer o grupo e, com isso, possibilitar um maior contato com as problemáticas vividas coletivamente. Ou seja, no esforço de contribuir com o processo de subjetivação dessas pessoas tanto é preciso encontrar os sentidos latentes para o que observei no conteúdo manifesto[24] quanto é fundamental atentar para as questões políticas e históricas que, de modo inconsciente, estruturaram suas formas de manifestação.

Nesse sentido, para encontrar outros significados com os jovens não se pode restringir a psicanálise ao mundo intrapsíquico. É preciso olhar para fora e considerar quais elementos da cultura escravocrata brasileira estão sendo tomados pelos jovens como algo único

---

[24] A ideia subjacente é freudiana: no sonho, há o conteúdo manifesto e o conteúdo latente. O que o sujeito conta sobre seu sonho é o conteúdo manifesto, que disfarça o conteúdo latente do sonho. Em resumo, o conteúdo latente está inconsciente e o conteúdo manifesto já é o que foi aceito no consciente.

e exclusivamente deles. A problemática adolescente, com alta incidência de comportamentos do tipo *acting out* – ou seja, atuação do mundo psíquico no mundo exterior ou no próprio corpo, sem capacidade de elaboração interior –, pode ter relação com o fato de o adolescente brasileiro deparar com um tecido social esgarçado em seus fundamentos. Assim, atentei para as dimensões socioculturais e suas contribuições (ou não) para a construção/desconstrução da identidade em formação desses jovens brasileiros de baixa renda.

Ainda nesse encontro, disse para a classe que parecia haver diferentes formas de preconceito com os mais diversos grupos populacionais, como nordestinos, indígenas etc. Um aluno respondeu:

> Há preconceito com a periferia, com o negro e com o pobre.

Outro complementou:

> E com mais um monte de gente...

Outro grupo levantou-se e disse:

> Nós gostamos da estrofe que fala do café, pois é isso que nós somos, brasileiros!

Concordando com eles, acrescentei:

> Nordestinos, indígenas, paulistanos, caipiras, afro-brasileiros, pobres, somos todos brasileiros.

Na intervenção seguinte, um grupo de meninas explorou o tema do preconceito. Elas disseram:

> O preconceito é um sentimento que muitas pessoas sentem. E isso é muito ruim para todas as pessoas. Na verdade, quando a gente fala de preconceito, as pessoas lembram do preconceito contra os negros, mas esse

não é o único tipo de preconceito. Existe o preconceito contra idosos, japoneses, deficientes, alemães, indígenas e vários outros. Em nossa opinião, o preconceito é uma bobagem porque todas as pessoas vivem, vão morrer etc... O preconceito pode ter diminuído, mas não acabou, infelizmente. As pessoas gostam de dizer "Basta ao preconceito", mas elas mesmas têm um pouco. Mas algumas pessoas não têm preconceito e isso é bom. As pessoas acham que os negros são ladrões ou coisa do tipo, mas muitos brancos também são ladrões. Na nossa opinião, as pessoas deviam ter consciência do que fazem porque o nosso país é feito de mistura e nessa mistura existe a raça negra. O preconceito também é grande com os pobres porque os negros ou brancos pobres são injustiçados, mas os negros e brancos ricos não sofrem preconceito. Para nós, o inferno espera por todos os preconceituosos.

O depoimento acima apresenta passagens bastante interessantes; no entanto, observa-se uma maior facilidade para lidar com os temas do preconceito, da humilhação e da discriminação social, e colocar-se diante deles, sem tocar na dimensão étnica propriamente dita. Talvez o que esses alunos ainda não tenham podido apreender é que a pobreza tem cor[25]. Ou seja, que a história brasileira tem uma trajetória marcada pela exclusão étnica das peles braiadas[26], ou seja, as peles de cor não branca:

---

[25] Maria Aparecida da Silva Bento, "Branqueamento e branquitude no Brasil", cit.

[26] Termo usado entre os povos do sertão nordestino para se referirem às suas peles misturadas. É muito usado também entre os povos indígenas, como os Kalankó do alto sertão alagoano.

Evitar focalizar o branco é evitar discutir as diferentes dimensões do privilégio. Mesmo em situação de pobreza, o branco tem o privilégio simbólico da brancura, o que não é pouca coisa. Assim, tentar diluir o debate sobre raça analisando apenas a classe social é uma saída de emergência permanentemente utilizada, embora todos os mapas que comparem a situação de trabalhadores negros e brancos, nos últimos vinte anos, explicitem que entre os explorados, entre os pobres, os negros encontram um *déficit* muito maior em todas as dimensões da vida, na saúde, na educação, no trabalho.[27]

Assim, a partir de estudos sobre o racismo brasileiro, explicitados no início deste livro, e do entendimento de que o preconceito vivido pelos jovens alunos dessa comunidade e escola remonta a uma pobreza socioeconômica decorrente da história pós-colonial de ascendentes afro-indígenas sertanejos, optei pela conceituação hifenizada do preconceito e da discriminação como sendo de naturezas étnico-sociais, tanto neste texto quanto nas intervenções em sala de aula.

Em outra intervenção, mostrei o vídeo de uma gravação que fiz em Santo André (SP), na Casa da Palavra, com filmagens do grupo Hip Hop de Mesa e entrevistas com os MCs e DJs desse grupo. De início, os alunos disseram não gostar da união e mistura dos dois ritmos. Contudo, entusiasmaram-se com a proposta de fazer um hip-hop com a cara brasileira. Em seguida, apreciando a ideia, destacaram duas falas de um dos MCs. A primeira foi:

---

[27] Maria Aparecida da Silva Bento, "Branqueamento e branquitude no Brasil", cit., p. 27.

Sou afro-brasileiro, ou seja, no meu rap tem pandeiro e tem tambor, isso é inevitável.

A segunda fala foi um depoimento que o MC deu sobre sua experiência cotidiana com o preconceito. Disse ele:

Preconceito, discriminação, humilhação... Não vou falar pra vocês que sinto a toda hora, mas a cada duas horas, vai! Quando estou andando na rua, vejo as mulheres pegando suas bolsas, quando entro no ônibus, vejo as pessoas recolhendo suas coisas. Isso é violência! Eu falo isso hoje porque eu já aprendi a lidar. Ainda dói, mas já me sinto mais forte[28]. E sabe como? Com a poesia, com a palavra, com a expressão! É isso aí, moçada, tem que se expressar, tem que falar e cantar. O mundo não vai saber, se você não falar.

Antes de abrir a discussão, uma professora comentou:

Eu já fui assaltada quatro vezes e nenhuma vez foi por um negro, sempre brancos. Então eu acho que com o negro não tem mais preconceito por causa da sua cor, mas com o jeito de se vestir. O capuz, o gorro, sei lá... Esses casacos enormes, eu acho que é isso que assusta.

Perguntei aos alunos o que achavam do preconceito[29] com relação ao estilo dos jovens. A classe não

---

[28] Posteriormente, essa frase vai aparecer como um verso na poesia de improviso dos alunos.

[29] Entendo, conforme Iray Carone ("A personalidade autoritária: estudos frankfurtianos sobre o fascismo", *Revista eletrônica Antivalor*, 2006, disponível em <http://antivalor2.

desenvolveu o assunto comigo. Em vez de debaterem, desenharam e denunciaram o preconceito e a discriminação por meio de suas poesias. Assim, o que foi possível refletir sobre a fala da professora e as chacotas entre os alunos é que há um preconceito infiltrado no cotidiano, como parte dos costumes, que está longe de ser inócuo. Afinal, revela uma assimilação irrefletida e ideológica que passa como uma prática estabelecida; uma submissão involuntariamente consentida difícil de ser nomeada e capturada. Mas dizer que o preconceito, como noção mal fundamentada, pode ser extirpado apenas com informações corretas é minimizar o problema.

Eis um acróstico de um grupo de alunos:

Adormecem para
Sempre

Preconceito é
Radical e
Egoísta
Com
Os
Nossos
Companheiros
É uma
Idiotice
Totalmente
Otária

---

vilabol.uol.com.br/textos/outros/carone.htm>, acesso em 13/05/2009), que a maioria dos preconceitos, como opiniões, crenças e atitudes negativas contra grupos socialmente discriminados, fundamenta-se no medo irracional que se desenvolve em relação a eles.

Preconceito, coisa ruim
Preconceito, coisa fatal
Ter preconceito hoje
Isso faz muito mal

O futuro tá aí
Batendo na sua porta
Diga não ao preconceito
Porque é isso o que IMPORTA!

Preconceito não faz bem
Preconceito só faz mal
Quem pratica preconceito
Merece levar um PAU!

As pessoas desse mundo
Sofrem com o preconceito,
Quem pratica essa violência
Acha que isso é DIREITO!

Hoje em dia, a malandragem só quer saber de zoar e não se preocupa com o adolescente do futuro...

Após apresentarem esse trabalho para a classe, as alunas explicaram:

Hoje não existem mais escravos e não dá mais para existir o preconceito, tem que pensar no futuro, você tem que gostar das pessoas pelo que elas são, e não por causa da cor e da raça. Eu não vou deixar de ser amiga de alguém só porque ele é negro, não dá, né?! Eu não vou ser amiga da pessoa se ela for má, mas se ela for boa aí não vai me importar se ela é loira, se é morena, tanto faz. Tem uns que merecem levar um pau mesmo, merecem ouvir umas boas verdades. Quem pega na bolsa quando um negro entra no ônibus, igual o MC de Santo André falou, pensa que é direito, normal fazer isso, mas isso não é normal, isso é uma tremenda de uma idiotice. Não é porque um negro rouba você que você vai achar que todos os negros vão te roubar. As pessoas nem pensam mais, acham que é direito fazer isso e não veem que estão praticando uma violência.[30]

É preciso observar, de um lado, a peculiar maneira como as jovens responderam à pergunta da professora – via um acróstico e alguns versos – e, de outro, a forma como abordam o tema do preconceito étnico-social e da vestimenta. Há um distanciamento tanto na fala quanto no verso "É um mal com os nossos companheiros", referindo-se ao preconceito como se não atingisse a elas e a todos nós brasileiros. Ao mesmo tempo, as autoras conseguem se colocar no lugar do branco preconceituoso e dele tomam uma distância crítica, dizendo que pratica o preconceito porque acredita que é correto. A fala "acham que isso é direito" oferece uma duplicidade de sentido que remete ao debate tanto do preconceito como ideia e crença quanto da discriminação como falta de direitos praticada pelo Estado brasileiro.

É interessante notar que a resposta à professora foi indireta, tanto por ser mediante um acróstico quanto, principalmente, por não mencionar a vestimenta do jovem, seja ele branco ou não, mas sim dizer do preconceito com o negro que rouba. Aí parece haver uma agressividade criativa.

---

[30] Importante observar que essas jovens também não percebem o preconceito brasileiro como de natureza étnico-social.

Tais alunas não são afro-brasileiras, mas identificadas com o universo estético afro: usam tranças nos cabelos, roupas no estilo hip-hopper etc.

Esse vestir-se hip-hopper, enquanto um modo de enunciação do Outro, é marcadamente étnico e de circulação do significante pertencer que não é verbal e veicula uma memória transgeracional e brasileira.[31] Não se pode negar, entretanto, que há certo estranhamento em relação às posturas aparentemente contraditórias dos jovens que cantam e ouvem rap. Em função da ambiguidade presente em suas letras e até no modo de se vestirem, como expressou o preconceito da professora, os rappers são associados ora a bandidos, ora a narradores e porta-vozes de uma situação social de injustiça[32]. É verdade que há

---

[31] José Francisco Miguel Henriques Bairrão, *Adolescência em transe*, cit., p. 7.

[32] Quanto ao rap gângster (gangsta) – linha de rap muito difundida entre os rappers de Los Angeles, EUA, conhecido por suas provocações e ostentações –, foi interpretado por Christian Béthune (*Le rap*, cit.) como uma possível forma de ter atitude, por parte dos afrodescendentes, de posicionamento avesso em relação ao que vêm experimentando desde a época da escravidão. Esse rap opta por fazer uma denúncia explícita, e o faz com tamanho realismo que muitas vezes é entendido como incitação à violência e ao crime. Uma pesquisa financiada pela Unesco, publicada por Miriam Abramovay, Julio Jacobo Waiselfisz, Carla Andrade e Maria das Graças Rua (*Gangues, galeras, chegados e rappers: juventude, violência e cidadania nas cidades da periferia de Brasília*, Brasília/Rio de Janeiro, Unesco/Garamond, 1999), mostra como os descendentes do *apartheid* social da capital brasileira – que, para a sua construção, reuniu de modo

no hip-hop muito confronto e competição, além de uma intensa luta por status, prestígio e reconhecimento. Porém, muitas dessas características dizem respeito à resistência política presente no movimento e à inserção social em um mundo que discrimina e segrega os jovens pobres e de cor. Foi interessante observar que muitos alunos que diziam preferir outros estilos musicais, como o pagode, vestiam indumentárias no estilo hip-hopper – calças largas, agasalhos com capuz, bombetas etc. Revelavam, com isso, um desejo de se parecer com eles. Tais jovens diziam se identificar com o estilo como forma de demonstrar um pertencimento social e como necessidade de denunciar e a opressão cotidianamente experimentada e resistir a ela. Ouvir a rima de um rap já é vivido, pelo jovem, como um gesto de discordância social.

Por mais diverso e por vezes incoerente que seja o hip-hop, procuramos dar voz a todos os aspectos desse universo. [...] por enquanto queremos mostrar que, mais que um modismo, que um jeito esquisito de se vestir e de falar, mais que apenas um estilo de música, o hip-hop, com um alcance global e já massivo, é uma nação que congrega excluídos do mundo inteiro.[33]

---

perverso 30 mil operários de diferentes lugares do país – encontram-se em um ambiente violento. O trabalho que foi feito com jovens rappers do estilo *gangsta* ressaltou que seus desejos são no sentido de se sentir importantes, obter proteção, ter lazer e expressar a revolta que sentem pela exclusão sofrida.

[33] Patrícia Casseano, Mirella Domenich e Janaina Rocha, *Hip-hop: a periferia grita* (São Paulo, Fundação Perseu Abramo, 2001), p. 20.

Ainda nesse dia de intervenção, outro grupo, agora de meninos, elaborou uma poesia e apresentou-a para a classe. Foi a primeira vez que pude observar o exercício dos jovens ao se afirmarem étnica e socialmente por meio da palavra, da rima e da poesia de improviso. Segue um trecho de uma das poesias dos alunos que demonstra uma dupla ação presente nas expressões juvenis, ou seja, de criação poética e de afirmação étnico-social:

> Sou Afro
> Sou Brasileiro
> Sou negro do coração
> Já me senti mais forte
> Com a minha cor e meu irmão
>
> Eu sou um negro brasileiro
> Com muito orgulho
> De coração
>
> Eu sou Brasileiro e sou negro
> Eu sou um Afro-Brasileiro, um negro
> Eu e o Bruno não somos racistas
>
> Esse cientista tem preconceito com os negros[34]
>
> Em mil oitocentos e oitenta e nove
> Foi a libertação dos negros
>
> Acabou a escravização!!!
> Acabou o trabalho escravo!!!

---

[34] Naquela semana, alguns jornais polemizaram uma fala preconceituosa de um cientista que, anos antes, havia recebido o Prêmio Nobel. A polêmica foi apresentada aos alunos por uma professora do grupo de estudos.

A declamação terminou com o seguinte improviso:

Sou Afro
Sou Brasileiro
Sou negro do coração
Hoje me sinto mais forte[35]
Com a minha cor e meu irmão.

Chamou a atenção a mudança subjetiva envolvida no pequeno deslocamento entre os versos "Já me *senti* mais forte" e "Hoje me *sinto* mais forte". Compreendo tanto a importância de tratar de questões políticas relativas ao preconceito e à afirmação étnico-social em um espaço coletivo quanto o valor que tem a leitura, exposição e expressão em voz alta para a classe. A experiência compartilhada do sofrimento com a discriminação pode oferecer uma sustentação fundamental para a construção/afirmação de suas identidades e realizações de seus sonhos de liberdade, respeito e dignidade como cidadãos. Nessa direção, a poesia, a rima e o improviso dos jovens alertaram-me para um possível exercício de afirmação étnico-social que se apresenta, simultaneamente, como resistência à dominação, apropriação da cultura, inserção social e territorialização – tornando seu o espaço da sala de aula (e depois, por que não?, o gueto, o bairro, a cidade e o país).

Assim, em todos os encontros seguintes, até o fim do ano, o tempo era reservado para os alunos elaborarem seus textos, desenhos e poesias. A

---

[35] Trata-se da frase pronunciada pelo MC do grupo Hip Hop de Mesa, cuja entrevista foi apresentada em vídeo aos alunos em uma intervenção anterior.

cada intervenção, eu levava algum tipo de material produzido no decorrer de minha viagem ao sertão nordestino: um vídeo sobre a cantoria de viola e as poesias de improviso que encontrei em São José do Egito e na aldeia indígena Pankararu; diferentes folhetos de literatura de cordel nordestina; material fotográfico da caatinga; músicas dos grupos brasileiros Confluência Rap e Repente, Sabotage, Chico Science e Nação Zumbi etc. Esse material tinha a única e exclusiva função de estimular a produção artística dos alunos.

Conforme eles terminavam suas poesias, desenhos e textos, eu passava pelos grupos com uma filmadora e eles se apresentavam ora à filmadora, ora à classe, que demonstrou grande interesse pelos trabalhos dos colegas. Foram momentos de muita tranquilidade, em que os alunos se mostraram satisfeitos com suas produções. Não falo de um silêncio em classe, pois de modo algum esse era o meu objetivo. Falo de uma organização interna que pude sentir ao lado daqueles jovens, outrora tão angustiados, agressivos e inquietos em sala de aula.

Antes de apresentar as produções dos alunos, conto um episódio emblemático. Em uma das intervenções, apareceram alunos que nunca haviam estado presentes antes e pediram que eu repetisse a atividade da leitura poética feita na segunda intervenção em classe. Como toda a turma concordou, iniciei a leitura da sextilha deixando os últimos versos para cada jovem (re)criar a estrofe. Mais uma vez, pude observar o gosto dos jovens pela rima e pelo improviso. Contudo, se, de um lado, havia a constatação de que os encontros estavam repercutindo entre os jovens, de outro, havia alunos que eu nem sequer conhecia, ou seja, embora fossem alunos daquela classe, apresentavam um elevado número de faltas. O que me pareceu importante observar foi que as atividades realizadas em classe chamaram-nos de volta para a sala de aula.

Como eu não sabia seus nomes, propus uma atividade com os nomes de todos os presentes em classe. Escrevi na lousa a denominação de cada um, com as respectivas rimas sugeridas por eles mesmos. Foi um momento de descontração em que todos participaram, apesar de os alunos se mostrarem envergonhados e receosos com a possível provocação do outro. Percebi que havia mesmo um sentimento de exposição de si (mais do que o desejado por mim) com a brincadeira. E, de fato, alguns meninos da classe fizeram brincadeiras agressivas, criando rimas como: Roberta – aberta. Não coloquei na lousa nenhuma das palavras ofensivas e perguntei se essas brincadeiras não eram, em menor grau, tão humilhantes quanto qualquer outra experiência denunciada por eles. Algumas meninas concordaram, respondendo: "Roberta rima com esperta". Imediatamente, escrevi essa rima na lousa.

Aos poucos, os alunos participaram, dando inclusive o sobrenome para rimar. Eis algumas das combinações: "Guilherme rima com verme"; "Gustavo rima com centavo"; "Adrielly rima com Cicareli"; "Janaína rima com genuína"; "Amanda rima com panda"; "Lucas rima com perucas"; "Andressa rima com condessa"; "Oliveira rima com besteira"; "Nascimento rima com pensamento"; "Márcia com farmácia"; "Ramiro rima com suspiro"; "Mayane rima com Zidane"; "Paloma rima com Roma"; "Thaís rima com feliz"; "Bruna rima com Itabuna"; "Verônica rima com irônica"; "Iago rima com mago"; "Carol rima com farol".

Após as atividades, conversamos sobre os motivos de tantas faltas daquele grupo de alunos. Uma aluna disse:

Simplesmente não somos a fim de vir para a escola.

A agressividade contida no tom da fala da jovem e a violência embutida na denúncia calaram toda a sala. Conversei com a classe sobre as inúmeras aulas vagas por dia. Uma professora comentou com os alunos que essas aulas vagas, faltas e afastamentos por parte dos professores eram movidos por muita angústia, com muitos repondo as ausências sem nenhuma remuneração extra.

De fato, a média naquela escola era de 240 alunos sem aula por período. O que faziam os jovens durante o tempo ocioso? Ficavam nas quadras, pelos corredores, em sala de aula fazendo algazarra ou eram obrigados a fazer palavras cruzadas, redações e desenhos para os quais não teriam retorno. Os professores angustiados, na tentativa de mitigar essa situação dos alunos – que, quando na escola, encontravam-se abandonados a si mesmos –, alternavam-se, em meio às suas próprias aulas, dando-lhes tarefas e atividades. Soube que o professor de educação física cobria tantas aulas vagas que acabava se esgotando ao contornar as disputas pela bola e quadra.

Perguntei aos alunos se eles, por sentirem o descaso por parte da escola (e Estado), conseguiam nutrir pelo professor e pela escola algum sentimento de respeito ou consideração. E, ainda, se não ir à escola poderia ser uma maneira também agressiva e violenta de devolver e recusar esse descaso. Um aluno confirmou:

Ninguém repete, não, nem por falta.

Diante dos depoimentos dos alunos, resolvi contar-lhes que entrar em sala de aula também havia sido um enorme desafio para mim. Disse que a recepção era, em geral, bastante agressiva. Perguntei se eles se lembravam de que, quando eu chegava em classe, eles continuavam suas brincadeiras entre si e, principalmente, passavam a me ignorar, "mandando" seus recados. O olhar parecia ser de desconfiança, como se perguntassem:

O que fazem aqui? Por que estão interessados em nós? Ninguém está!

Alguns jovens, de fato, questionaram:

Nós não precisamos estudar, seremos "aviãozinho" e ganharemos mais dinheiro por semana do que quem ganha por mês! É só mais um projeto social? Você ficará um tempo conosco, mas depois vai embora!

Disse que eles tinham razão, que de fato eu iria embora em um ou dois anos, mas que, antes, gostaria de, coletivamente, colocar palavras e poesias nessas experiências todas. Também contei à classe que o trabalho desenvolvido com eles seria escrito e publicado, que todas as denúncias ficariam documentadas e que a intenção era provocar rupturas e mudanças na dinâmica deste país que ainda não superou o passado recente da escravidão, dos aldeamentos, das migrações etc. Contei também que entendia que o rap parecia fazer a intermediação entre a raiva e a ação violenta, parecia exprimir essa raiva em palavras. Por fim, contei que a palavra organiza, articula e, por isso, até oferece algum conforto. Juntos, lembramos do rap dos Racionais MCs que os alunos trouxeram para uma intervenção. Nele, havia a mensagem:

> A palavra é uma arma!

Uma professora disse que no início das intervenções em classe havia um grupo que resistia em fazer a atividade proposta porque achava que, depois, jogaríamos tudo no lixo. Ela contou que, de fato, muitas vezes foram solicitadas redações aos jovens na tentativa de ocupá-los durante uma aula vaga. Outro professor comentou que os alunos tinham pouca oportunidade de se expressar e que muitos professores não querem ou não conseguem ouvi-los. Esse docente disse que tenta estabelecer um diálogo com os alunos, mas percebe que estes não acreditam mais nos professores e na escola, o que os deixa cada vez mais separados. Fez-se silêncio e uma professora deu seu depoimento, bastante esclarecedor:

> A escola encontra-se presa em uma estrutura que não a deixa caminhar, e romper essa estrutura é um desafio, mas uma saída possível está parecendo ser a de abrir-se e aprender mais com os alunos.

Essa fala é fundamental para uma análise da resistência ao trabalho em classe. Com base nos estudos de Maria Cecilia Cortez Christiano de Souza[36], poderíamos pensar que, se em todas as sociedades, em diferentes graus, os jovens realizam uma dança à beira do abismo, desafiando os limites da lei, como pensar os jovens que parecem viver o obscurecimento da lei? Os adultos parecem não conhecer os jovens o suficiente para intervir entre eles, enquanto os jovens parecem não reconhecer a autoridade adulta, não lhes conferindo o direito de intervir. Nessa direção, retomando o paradoxo da adolescência, segundo o qual o adolescente precisa imitar e negar os adultos para se fazer sujeito autônomo, como esses jovens farão suas travessias diante de adultos que parecem deixá-los entregues a si mesmos? Dessa forma, a famosa perda de valores dos jovens já não pode causar espanto, afinal eles

> passaram a viver, de fato, a perplexidade de se fazerem sujeitos, obrigados a serem eles mesmos, sem que nenhum enunciador coletivo – nem mesmo os dos responsáveis por sua educação – lhes dirija palavras que possam lhes servir de referência.[37]

Essas considerações atribuíram outro sentido às situações vividas no grupo, que pareciam expressar um movimento que se estabelece contra tudo e todos e se relaciona diretamente com o sentimento de dominação social, no sentido da ausência de um ambiente capaz de significar essa experiência vivida pelo jovem carente. Para aquele que se vê ocupando

---

[36] Maria Cecilia Cortez Christiano de Souza, "Prefácio", em Monica Teixeira do Amaral (org.), *Educação, psicanálise e direito*, cit.

[37] Ibidem, p. 12.

o lugar de oprimido, parece árdua a tarefa de identificar quem é o opressor, o que talvez explique a raiva pela qual o primeiro é tomado, a partir da qual se quer combater tudo de maneira absoluta. Qualquer situação em que tenham de submeter-se à lei, ordem, pode ser vivida, por esses adolescentes, como dominação. Quando interpretam sua situação desta maneira, a insubmissão dos adolescentes se torna legítima a seus próprios olhos. O que está em jogo não é só um sentimento de estar de fora, mas de estar por baixo, esmagados e dominados por um inimigo impalpável, que pode se materializar em algum representante da sociedade que os rejeita veementemente, apontando para o sentimento de humilhação a que são expostos.[38]

Nessa direção, compreendo a transgressão pela via poética do rap como uma boa saída. As intervenções, as reflexões sobre a adolescência e uma escuta mais afinada, capaz de identificar a importância do rap, revelaram que os jovens são bastante favoráveis a "uma ordem que seja capaz de os proteger da sua própria violência"[39]. É importante salientar que essas questões não se restringem ao âmbito privado familiar ou escolar, uma vez que se referem também às condições que a sociedade, com todas as suas instituições, oferece para a formação do jovem na atualidade, o que se estende aos domínios da indústria cultural e dos direitos sociais previstos em nossa

---

[38] Silvia Maia Bracco, "Exclusão e humilhação social", cit., p. 75-6.

[39] Maria Cecilia Cortez Christiano de Souza, "Prefácio", cit., p. 13.

Constituição. Em suma, a diferença dos destinos entre os jovens se deve em grande parte à natureza das respostas do meio social. Daí a importância do manejo dessa realidade e seu papel como auxiliar do aparelho psíquico favorecendo ou impedindo o jogo dos investimentos e contrainvestimentos. Tudo isso, porém, é muito sutil e envolveu elementos pessoais dos professores e da pesquisadora, que, associados a uma justeza de tom e a uma capacidade de empatia, asseguraram algum apoio ao narcisismo dos adolescentes, assim como puseram em marcha seus investimentos para a criação poética e a afirmação étnico-social.

Voltemos à produção dos alunos:

Sem futuro x futuros mil

Quem nasce aqui neste mundo
Jovem com os seus sinais
Marcados pelos pais
Com os pontos principais
Ficam todos iguais
Uns nascem para serem livres
E outros valentes pais.

Deus é quem marca o destino
De todos recém-nascidos
Por isso é que o valentão
Que seja o pior bandido
Sempre há de encontrar
Um pra deixá-lo vencido.

Essa poesia, com versos apropriados dos raps do grupo Racionais MCs, estava acompanhada de desenhos: um braço com muitos músculos, todos bem delineados e com veias à mostra; e uma pulseira grossa apertada no pulso, com uma mão fechada, como se ameaçasse dar um murro. Todos foram feitos a lápis, com sombreados.

Em alguns encontros, os jovens levaram filmes para assistirmos e debatermos. Em meio às imagens, alternavam-se as falas dos rappers com as de um religioso apelando para a fé do povo. A presença da fé e da linguagem religiosa nas letras de rap aparece como expressões culturais. Para os rappers, não há intencionalidades propriamente proféticas de campo religioso, como aconteceu na Jamaica, na origem do rastafarianismo, quando movimentos que tinham vínculos com associações religiosas e igrejas do sul dos Estados Unidos e do Caribe realizaram uma ruptura radical com toda a ideologia colonial e protestante que, durante séculos, justificou a escravidão apoiada em interpretações religiosas. Tal ruptura se fez com base em uma leitura étnica da Bíblia e da territorialização do mito bíblico.

Nos Canudos urbanos de hoje, os rappers falam em Deus, em fé e na Bíblia sem necessariamente pregar uma religião que já existiu ou fundar uma outra que desejam que venha a existir.[40]

O uso do nome de Deus pelos rappers é como um aliado da luta pela vida. Não há menção a nenhuma igreja ou religião, mas sim a convicção de que ao menos essa entidade não permitirá ao jovem se perder. Tal regressão (do ponto de vista filosófico) a Deus

---

[40] Regina Novaes, "Os jovens de hoje: contextos, diferenças e trajetórias", em Maria Isabel Almeida e Fernanda Eugênio (orgs.), *Culturas jovens*, cit., p. 117.

faz sentido em um quadro de grande injustiça social, considerando que outra alternativa seria a regressão à barbárie[41]. A fé talvez seja parte constitutiva do esforço civilizatório do rap.

Outra criação poética dos jovens, denominada "O mundo do avesso", ilustra esse cenário:

> O homem de preto que você faz, entrou na favela e carregou o satanás.
> O homem de preto que você faz, entrou na favela esqueceu os marginais.
> RAP É COMPROMISSO!

Outra dupla de alunos dividiu uma página em duas partes com o desenho de um muro de tijolos. De um lado, desenharam um muro pichado com os escritos "BIG", "VIVA NOIS", um balão com os dizeres "LOCO É POCO"[42] e um menino fumando maconha. De outro, pintaram uma lata de grafite espirrando a cor laranja, um pincel, a palavra "DEUS" bem grande, um palco escrito "HIP-HOP e Rap" e um MC sorrindo, de microfone na mão, cantando a música "Rap é compromisso", de Sabotage:

> Na Zona Sul, Zona Sul, Zona Sul, Zona Sul
>
> Hoje choveu nas Espraiadas
> Ah! Polícia sai do pé, Polícia sai do pé
> Mas mesmo assim ninguém sabe de nada
> Ah! Polícia sai do pé, polícia sai do pé
> Que eu vou dar um pega no...

---

[41] Maria Rita Kehl, *A fratria órfã* (São Paulo, Olho D'água, 2008).

[42] Marca de roupas.

O rap é compromisso, não é viagem
Se pá fica esquisito, aqui Sabotage
Favela do Canão, ali na Zona Sul
Sim, Brooklyn
Tumultuada está até demais a minha quebrada
Tem um mano que levando, se criando sem falha
Não deixa rastro, segue só no sapatinho
Conosco é mais embaixo, bola logo esse fininho
Bola logo esse fininho e vê se fuma até umas horas
Sem miséria, do verdinho
Se você é aquilo, tá ligado no que eu digo
Quando clareou pra ele é de cem gramas a meio quilo
Mano cavernoso, catador eficaz
Com 16 já foi manchete de jornal, rapaz
Respeitado lá no Brooklyn, de ponta a ponta
De várias broncas, mas de lucro, só leva fama
Hoje tem Golf, amanhã Passat Metálico
De Kawasaki Ninja, às vezes 7 galo
Exemplo do crime, eu não sei se é certo
Quem tem o dedo de gesso tromba ele é o inferno
Disse muitas vezes não, não era o que queria
Mas andava como queria, sustentava sua família
Vendendo um barato de campana, algo constante que
   ele insiste
Na responsa não desanda, não pode tomar blitz
Insiste, persiste, impõe que é o piolho
Na Zona Sul é o terror, ele é o cara do morro
Com a mente engatilhada, o Álibi escutava
Ao mesmo tempo registrava, quem deixava as falhas
Dizendo que os manos que foram ficou na memória
Por aqui, só fizeram guerra toda hora
Acontecimentos vêm, revela vida do crime não é pra
   ninguém

Enquanto houver desvantagem
Só ilude um personagem, é uma viagem
A minha parte não vou fazer pela metade
Nunca é tarde, Sabotage
Esta é a vantagem
Rapper de fato grita e diz

O rap é compromisso, não é viagem
Se pá fica esquisito, aqui Sabotage
Favela do Canão ali na Zona Sul
Sim, Brooklyn
O dia a dia então reflete esperança
E quando usava é de avoada aí, longe das crianças
Ele deslancha, tanto no campo ou na quadra
Morreu mais um na Sul, o boato rolava
Cabrero, ligeiro, trepado e esperto
Tamanduá quer te abraçar, quer te lançar no inferno
Com o tempo se envolveu em várias áreas
BNH Espraiada Conde Canão Ipiranga
Zona Leste e Oeste, Jaraguá e Taipas
Mas é, tio, quem viu, viu, o crime não é Bombril
Que acionado ativa mais de mil utilidades
Há alternativa, se eu sei, você sabe
Deus ajuda, é verdade, vai na fé, não na sorte
Tremendo alguma zinca foi descansando revólver
Não se envolve, não é loque, sem banca, sozinho
Do tipo Zé Povinho até na missa de domingo
Tava indo, rezar, se arrependeu e pá

– E aí ladrão, e aquela lá?
– Nem dá, tô devagar.

Passasse uma semana e tudo começava
E no lugar que nasceu a fama só aumentava

Não era o Pablo Escobar
Mas era o cara e pá
Num caminhão, a profissão não exige calma
O crime é igual o rap
Rap é minha alma
Deite-se no chão
Abaixem suas armas

No desenho dos jovens havia o nome de sua comunidade, Real Parque, em letras de grafite, indicando que ambos os mundos – o da violência com lei e o da violência sem lei – existem no espaço onde moram. Os desenhos foram assinados com suas TAGs, que, segundo eles, é "o nome da galera" deles. Além da divisão no papel, a apresentação do grupo pareceu expressar uma maior diferenciação dos mundos (do crime, da lei, do protesto) do que a feita pelo grupo anterior. Ao mesmo tempo, a expressão "VIVA NOIS" e a forma de apresentação dos alunos parecem ter proximidade com as drogas e o tráfico. No entanto, é importante considerar falas dos alunos de que "para estar bem na fita não pode se mostrar nem muito dentro das drogas nem muito fora, senão é careta". Estão no limiar entre o crime e a vida, a infância e a vida adulta.

Por fim, uma apresentação da apropriação, recombinação e criação poética de um dos grupos, com o título "Salve negro":

Hoje a violência é tanta
Que até Deus
Anda blindado
Ele está com medo

> Cercado e protegido
> Por 10 anjos armados[43].
>
> Não diga pra Deus
> Que você tem um problema
> Diga pro seu problema
> Que você tem um Deus maior.
>
> A amizade é como um cristal
> Quando se quebra nunca nasce igual.
>
> NÓS SOMOS CONTRA O PRECONCEITO – HIP-HOP/
> BRASIL

Os alunos escreveram essa última frase em letras de grafite sombreadas, coloriram a folha e desenharam um anel de diamante. As poesias, também com versos apropriados do grupo Racionais MCs, estavam escritas em várias cores. Na apresentação, os alunos disseram:

> Acreditar em Deus é uma maneira de vencer na vida.

Sobre os desenhos, explicaram:

> Desenvolvemos esses desenhos das nossas mentes. Curtimos as músicas de rap, elas são interessantes, são as nossas forças, Deus e hip-hop. Nós somos negros, ninguém é melhor que ninguém. Nós estamos estudando hip-hop na aula de informática[44].

---

[43] Essa estrofe é uma apropriação e recombinação de uma letra de rap do grupo Racionais MCs.

[44] A professora de informática criou o blog da escola, estabeleceu um tempo em suas aulas para os alunos pesquisarem e organizou um sarau para encerrar o ano. É importante salientar que todo o compromisso por parte dessa professora diferenciou-se da maioria, uma vez que tais iniciativas

Em uma conversa com um grupo de meninos que falava em Deus e no hip-hop, perguntei se havia diferenças entre as palavras "gangue" e "galera". Eles responderam, respectivamente:

Um tem atitudes violentas e outro sai para passear, cantar, dançar um pagode, tudo entre amigos.

Em seguida, contaram que queriam entrevistar ex-alunos do 9º ano que montaram um grupo de rap. Disseram que a pergunta para a entrevista seria: "Como curtir a vida?". Outro garoto ouviu a conversa e contou que estava fazendo grafite e, por isso, entrevistaria "alguns grafiteiros mais velhos".

A conversa abriu um diálogo com outros dois alunos, gêmeos, que, juntos, cantam rap na comunidade, mas até então se negavam a participar das atividades. Contaram que os ex-alunos mencionados estavam misturando rap com samba. Perguntei de qual ritmo eles gostavam e quais misturas rítmicas gostariam de ouvir e fazer: "Rap e pagode" foi a resposta.

Minutos depois, algumas garotas escreveram duas letras de pagode – uma da banda Jeito Moleque, outra do grupo Doce encontro – e entregaram para os meninos cantarem no ritmo do rap:

"Meu jeito moleque"	"Tô de saco cheio"
Jeito Moleque	Doce encontro
Tá em cima da hora	De tudo reclama
Falou, tô saindo	E mesmo se eu faço o
Boné na cabeça,	que quer

---

tendiam a se diluir em meio às dificuldades e à burocracia e, por conseguinte, ao desânimo escolar.

Bermuda caindo
Vou dobrando a esquina.
Vejo a rapaziada
Quem vai pro pagode
Toma uma gelada
Eu já vou também
Demorou então
Vou eu, Carlinhos o
Fê e o Alemão
Então tá, vamos aí
Que é pra não se atrasar
Que o pagode moleque
Já vai começar
Tá no jeito de andar
No jeito de viver
Ninguém pode mudar
É meu jeito moleque de ser
Não dá pra disfarçar, não tem como esconder
Você vai notar o meu jeito moleque de ser.

Vai dizer que não quis
Não dá pra te entender
Se nada tá bom pra você
E nada adianta
Se tudo te dar ou fizer
Pra te fazer feliz
Pra te fazer querer
Mas nada tá bom pra você
Pelo amor de Deus
Gosto demais de você
Mas primeiro de mim
Pelo amor de Deus
Acho melhor te esquecer
Pra não ser o meu fim
Eu falei que tô,
Tô de saco cheio de você
Querendo te tirar do meu caminho
Tô de saco cheio de você
Querendo dessa vez ficar sozinho
Tô de saco cheio de você.

Sobre as misturas sonoras e rítmicas, é importante salientar que a criação poética dos jovens não apenas se apropriou das manifestações culturais já hibridadas, como produziu novas misturas, traduzindo-as de acordo com seus estilos de vida. Ao ressignificarem suas histórias de vida, os jovens foram trazendo elementos transmitidos por seus pais e introduzindo músicas e ritmos de que mais gostam, como o samba, o funk, o pagode e o rap.

Integraram e mesclaram todos esses diferentes elementos em suas produções poético-musicais: misturaram letras de pagode com a batida do rap, musicaram seus cordéis, elaboraram poesias livres e brincaram com associações livres. Nessa trajetória, meu trabalho foi o de acompanhar e incentivar a criação poética, que, além de revelar uma mosaica produção cultural, apontou para o exercício de uma afirmação étnico-social bastante presente nas expressões juvenis.
Sobre o conteúdo, a música "Tô de saco cheio" acima fala das dificuldades amorosas entre meninos e meninas. As meninas do grupo estavam felizes, pois disseram ter sido a primeira vez que conseguiram trabalhar em grupo com os meninos. Contaram que, até então, os grupos não se misturavam: meninas, de um lado; meninos, de outro. Assim, propuseram aos meninos que continuassem a produção, agora fazendo um acróstico com a palavra "afro-brasileiro":

Atitude
Fidelidade
Realidade
Orgulho de ser

Brasileiro
Rap
Amor
Sinceridade
Igualdade
Lealdade
Esperança
Inteligência

Respeitosamente
Objetivo

RAP & PAZ

O grupo contou que, para montar o acróstico, "foram pensando nas letras de rap e olhando o dicionário para encontrar as palavras certas". Nota-se, de modo geral, uma conduta mais amadurecida por parte das meninas, enquanto os meninos continuaram com brincadeiras mais infantis para chamar a atenção – comportamento comumente verificado em alunos de 8º ano, mas que causa desconforto para as meninas que desejam estudar e paquerar. Nesse sentido, a adolescência merece algumas considerações, assim como alguns cuidados a serem preservados e respeitados. Por exemplo: os jovens pareciam experimentar profundas mudanças e transformações envolvendo o luto da infância, ou seja, a elaboração psíquica de seu mundo infantil, incluindo o corpo e a dependência das figuras parentais. É sabido que a adolescência não é uma etapa de desenvolvimento nem se prende a uma idade definida. Trata-se de um processo social que implica uma passagem do sujeito de uma posição cultural de criança para a de adulto e depende de operações simbólicas que transcendem o psiquismo individual. Assim, entendo esse momento como um estado limiar entre o infantil e o adulto.

Outros grupos também apresentaram seus desenhos e poesias:

Desde a escravidão
Que existe discriminação
O que só atrai confusão!

Só existe escravidão
Onde tem discriminação
E isso só dá confusão!

Quanto aos desenhos que acompanhavam esses versos, havia um homem branco, um homem negro e uma caixa no chão. Os alunos explicaram:

– O branco mandou o negro pegar a caixa, e então o homem negro respondeu: Acabou o trabalho escravo!!!

– O branco não pode mais ordenar que o negro faça o trabalho sozinho.

O outro desenho retratava uma família afro-brasileira ao lado de sua casa, com as janelas abertas, os pais sorridentes, tranquilos, com os braços para trás, e um filho com uma expressão forte e brava. Junto ao pai, havia um balão com a seguinte fala:

Acabou a escravização!!!

Assim, chegamos ao Sarau de Poesia, Rap e Cordel. A professora Maria Rita Pereira da Silva, que estabeleceu um contato estreito com o fundador e coordenador do Sarau da Cooperifa, Sérgio Vaz, envolveu-se no projeto e animou toda a comunidade. O evento aconteceu no auditório da ONG Casulo, local com boa infraestrutura para tal. Cordelistas[45] e rappers[46] de São Paulo e da grande São Paulo fo-

---

[45] O poeta Loracy Sant'Anna, cujo texto de cordel foi trabalhado nas intervenções em sala de aula, estava entre os convidados para o sarau.

[46] Os MCs do grupo Hip Hop de Mesa, cuja entrevista filmada foi apresentada aos alunos durante as intervenções, também compareceram ao evento.

ram convidados; professores, alunos e ex-alunos da escola se apresentaram; moradores da comunidade, músicos e poetas declamaram e cantaram; jovens alunas dos cursos de danças brasileiras e de teatro da ONG Casulo subiram ao palco; professores das oficinas dessa ONG exibiram seus quadrinhos que falavam sobre preconceito. A propósito do sarau, uma aluna elaborou um cordel intitulado "O meu primeiro sarau, o meu primeiro cordel – Sem data para ser eterno":

Cheguei em casa inspirada
Peguei lápis e papel
Estava toda animada
Pra escrever este cordel
Essa coisa de rimar
É difícil pra dedéu

Fui ao sarau no Casulo
Pra os amigos encontrar
Os manos empolgados
Começaram a rimar
Os elementos vieram
Para se apresentar

As poesias falavam
Do futuro da nação
O que aconteceria
Se você fosse negão
Todos se apresentaram
Com a maior satisfação

Me despedi, fui embora
Antes de chegar ao final
Adorei o trabalho

Que foi superlegal
Eu nunca tinha ido
Assistir a um sarau.

A título de conclusão do trabalho com os jovens, observei que, atrelado à busca pela formação pessoal e cultural, há um importante potencial transgressor a ser considerado. Afinal, se tomarmos o fato de que o próprio acesso à cultura é restrito para as populações étnicas e socialmente discriminadas, a poética do rap, assim como as manifestações nascidas nos cativeiros, é uma prática que, por si só, corresponde a atos fora da lei. Ou seja, a apropriação das obras de arte já elaboradas, a expressão política nas vias públicas, a recombinação cultural – global e local, atual e ancestral – e a reinvenção dos recursos artísticos, todos direcionados ao enfrentamento da dominação, parecem permitir a alguns desses sujeitos a elaboração de uma arte de viver fora da lei.

Vale observar que o uso do termo "fora da lei" para se referir à estética inaugurada pelo hip-hop apresenta uma importante ambiguidade: expressa tanto a arte de viver de sujeitos que foram juridicamente relegados à margem dos direitos sociais quanto a inversão da situação social desses sujeitos, que elaboraram um estilo artístico que transgride as leis e criam, com isso, suas próprias formas de inclusão e pertencimento social. Quanto ao termo "arte de viver", este, além de apontar para o estilo de vida dos jovens contemporâneos, também sugere novas leituras das metrópoles fundamentadas em uma crítica da própria realidade em que estão inseridos.

Assim, se no campo político é sabido que o rap, por si só, não conquistará a efetiva inclusão étnico-

-social de seus protagonistas, no campo subjetivo, essa arte de viver fora da lei e de se incluir na sociedade faz emergir o sentimento de coletividade e a experiência de pertencimento dos jovens pobres das metrópoles, cujas vivências têm sido invariavelmente atravessadas por preconceitos e discriminações. Nesse sentido, há um deslocamento presente na passagem desses jovens à rima, ao improviso e à crônica.

Por outro lado, partindo do entendimento de que o adolescer é um momento de investidura em uma posição de adulto e segue parâmetros culturais e inconscientes, é possível sustentar que a valorização e a recriação de culturas, práticas e crenças dos antigos consistem em uma forma de autoafirmação e de contestação étnico-social. Ou seja, nesse jogo dos jovens de negar e imitar o adulto, de se apropriar de uma tradição oral e recombiná-la com as novas tecnologias de comunicação e informação – que resultaram na cultura juvenil do rap, por exemplo –, está presente o movimento de um sujeito que se afirma tanto no plano psíquico quanto no plano étnico-social. A travessia simbólica, ou o rito de passagem, da infância para a vida adulta, da exclusão para uma possível inclusão social[47], parece acontecer por meio da criação poética.

Em suma, se é preciso suceder aos pais e, genericamente, às gerações anteriores, habilitando-se, por sua vez, a ser sucedido pelas seguintes, há que fazê-lo mantendo uma diferença que permita a convivên-

---

[47] Ao menos no plano simbólico: uma inclusão social ao viver a experiência de pertencimento a um coletivo, a uma história.

cia com indivíduos de outras gerações. Nesse sentido, esses jovens estão de fato dando continuidade a uma história de hibridismos culturais, em meio ao enfrentamento de diásporas e aldeamentos, ou seja, estão produzindo uma espécie de filiação histórica socialmente reprimida e recalcada. De modo um tanto paradoxal, remanescem traços, memórias, significantes que circulam socialmente e são os pontos de apoio para a configuração humana das novas gerações, mas sempre trajados pela morte.

Concomitantemente, o adolescente depara-se com um encontro marcado e inevitável com o mais arcaico e antigo, mas também é sua missão, além de perpetuá-lo, rejuvenescê-lo, recriar a tradição.[48]

Assim, entendo que a afirmação étnica e social desses jovens apresenta um importante recurso cultural para estruturar relações de pertença e para elaborar e ressignificar sua constituição psíquica e social.

Em outras palavras, parece ser por meio da filiação poética, musical e oral que se constrói um trajeto possível para as populações periféricas e híbridas – verdadeiros mosaicos étnicos, que se tornam um modo de se recriarem, reanimarem-se e, assim, encantarem o mundo com seus cânticos falados e protestos cantados. Como em muitas formas culturais e da diáspora africanas, a prolífica autonomeação do hip-hop é um meio de reinvenção e de definição de si mesmo. Os grupos hip-hoppers – dos afro-americanos, jamaicanos, porto-riquenhos e afro-caribenhos aos afro-brasileiros, afro-indíge-

---

[48] José Francisco Miguel Henriques Bairrão, *Adolescência em transe*, cit., p. 7.

nas, sertanejos nordestinos etc. – indicam a formação de um novo tipo de família cujos vínculos interculturais se estabelecem em um cenário urbano hostil, tecnologicamente sofisticado e multiétnico. Do trabalho em classe com os jovens e docentes, uma professora parece ter se apropriado do método construído *in loco*, reinventando-o de acordo com sua história e experiência e recombinando-o com a matéria de sua responsabilidade – literatura brasileira. Essa professora, afro-brasileira, envolveu-se com a literatura de cordel, com os alunos, suas denúncias e histórias. Ao fim da estadia na escola, afirmou que estava encontrando possibilidades de trabalho com os alunos e mencionou, inclusive, seu esforço em contribuir com uma educação problematizadora capaz de articular o conhecimento acumulado a uma leitura crítica da situação vivida pelos alunos.

Considerações finais
Travessias periféricas brasileiras

O encontro com os alunos de uma escola pública de São Paulo, descendentes de famílias afro-brasileiras e indígenas Pankararu, impulsionou-me a investigar os hibridismos poético-musicais com o objetivo de conhecer o passado recente da comunidade-favela Real Parque, situada ao lado do luxuoso bairro do Morumbi.

O contato inicial com a escola, com os jovens e com a história da comunidade me fez ver o potencial crítico e afirmativo do rap diante de falas de alunos que tendiam a negar seu passado e suas tradições. Embora acompanhados de certa resistência por parte dos jovens – muitas vezes por não quererem entrar em contato com a menção a realidades dolorosas –, os raps ouvidos e produzidos em sala ganharam importância por denunciarem suas experiências de preconceito e discriminação étnico-social. Assim, apesar de as manifestações culturais e a própria história da comunidade revelarem, por si sós, a herança afro-indígena sertaneja, esta não parecia obter o devido reconhecimento no meio escolar.

Uma educação emancipadora exige, como diz Hannah Arendt[1], a responsabilidade pelo mundo. Isso significa ter como objetivo levar o jovem a se comprometer com seu passado e sua história pessoal e coletiva, de modo a ressignificar seu presente e, assim, renovar o mundo. São muitas as dificuldades para atingir objetivos amplos como esse. No entanto, houve bastante esforço no que tange à tentativa de viabilizar um processo de subjetivação – forma fundamental para existir no mundo como sujeito. Ao menos no espaço de uma sala de aula, tentei viabilizar, pela via poético-musical do cordel, rap e repente, possíveis maneiras de se afirmar diante da discriminação e do preconceito a que esses jovens estão submetidos.

A primeira observação versa sobre em que medida é possível encontrar nas produções culturais nordestinas e juvenis a possibilidade de uma ampliação do campo de negociação com uma realidade marcada pela injustiça social, potencializando a capacidade de inventar modos de sociabilidade e de integração societária que resultem em novas e singulares modalidades de inclusão.

Os estudos sobre poesia popular, feitos ao longo da pesquisa de campo no sertão nordestino, possibilitaram o contato com os hibridismos afro--indígenas sertanejos e, ao mesmo tempo, a observação de como essas apropriações, recombinações e reinvenções culturais vêm atravessando as experiências de diáspora e aldeamentos brasileiros.

---

[1] Hannah Arendt, *Entre o passado e o futuro* (São Paulo, Perspectiva, 1992).

Encontrei um Nordeste cujas fronteiras culturais, religiosas e étnicas pareceram fluidas e invariavelmente em conexão entre si. Desde as festas populares tradicionais do sertão pernambucano – com muita poesia, cordel e repentes – até as manifestações juvenis do rap recifense, observaram-se fortes traços de hibridações entre culturas nativas e metropolitanas, entre povos indígenas, europeus, africanos e sertanejos nordestinos.

As hibridações e produções de sentidos que cada comunidade e indivíduo conferem à sua realidade são diferentes umas das outras e acontecem simultaneamente. Assim, considerando as confluências étnico-culturais que ocorreram no Brasil, observei os hibridismos presentes em um campo poético de transformações e produções de sentidos desde o século XVI, quando os sertanejos nordestinos apropriaram-se da literatura de cordel portuguesa e das cantorias de improviso franco-árabe-ibéricas, criando as manifestações do folheto de versos nordestino e dos repentes da cantoria de viola, até a tradução do rap afro-americano feita pelos raps afro-brasileiros do século XX.

Os encontros realizados na viagem etnográfica ao sertão de Pernambuco propiciaram uma abertura às visões de mundo presentes nas culturas jovens contemporâneas e, assim, permitiram a construção de um método *in loco*. Ou seja, a leitura híbrida da história, da política e das manifestações culturais, tradicionais e juvenis passou a ser a linha mestra que orientou a presente pesquisa.

Um elemento significativo do trabalho com os jovens teve início com a observação das encenações corporais dos alunos, as falas pelo gesto, constituindo verdadeiros atos de linguagem. O estudioso José Machado Pais sustenta que

> as encenações rebeldes das culturas juvenis promovem uma integração que se dá no palco de um reconhecimento intersubjetivo em que as aparências estão mais arraigadas às experiências que às consciências.[2]

Assim, talvez esse tenha sido um dos motes das intervenções em sala de aula: interpretar as experiências colocando-as em palavras, possibilitando uma compreensão emocional das angústias e injustiças que os alunos denunciavam com seus atos, desenhos, poesias, músicas, cuja expressão se deu por meio de uma espécie de mimetização teatral da realidade vivida.

Na tentativa de aprender com os alunos e, em especial, com as culturas juvenis, entendi que é no manejo da agressão que se depreende, em certa medida, a capacidade criativa e construtiva do sujeito. Mas como conceber uma expressão criativa e até mesmo agressiva do inconformismo com a injustiça e a desigualdade social? Afinal, o indivíduo não consegue alcançar existência se não ocupa um lugar diante de um outro, se não pertence a uma história, se não tem onde morar, uma família que o ampare, uma cidade na qual se sinta tratado como cidadão. É preciso pertencer a um mundo compartilhado por outros homens. Ocupar um lugar no mundo é ocupar um lugar na vida de um outro. Somente a partir dessa experiência é que o olhar poderá voltar-se

---

[2] José Machado Pais, "Prefácio", em Maria Isabel Almeida e Fernanda Eugênio (orgs.), *Culturas jovens*, cit., p. 18.

para o mundo com curiosidade e desejo. Contudo, o que se observa nas comunidades-favela é que o sentimento de pertencer ao mundo parece abalado em sua constituição; os jovens referem-se a si mesmos como parte de uma categoria inferior de pessoas, como indivíduos que não podem ser vistos na sua humanidade, e sim despersonalizados sob o rótulo de favelados.

Aos poucos, mas em passos crescentes, as manifestações polissensoriais dos jovens – que, a meu ver, inicialmente se expressavam de modo fragmentado, barulhento e caótico – foram ganhando sentido diante de todos os envolvidos (desde os próprios alunos até os pesquisadores e professores). Ampliou-se a escuta para novas compreensões de como a produção poética e musical fazia-se associada à denúncia das injustiças sociais e do preconceito.

Ponderando sobre os aspectos acima mencionados, tecerei considerações a respeito da pesquisa. A primeira é que, diante da trajetória histórico-social dessas populações – cuja vida foi construída em meio a uma estrutura social excludente e discriminatória –, as recriações culturais, assim como as buscas por novos espaços, parecem revelar uma dinâmica que vem ressignificando a diáspora e o aldeamento afro-indígena brasileiro, cujas marcas, todavia, estão longe de ser suplantadas. Conforme os estudos de Herom Vargas[3], é possível afirmar que as manifestações de culturas populares tradicionais (como o cordel e o repente) e as internacionais (como o

---

[3] Herom Vargas, *Hibridismos musicais de Chico Science & Nação Zumbi*, cit.

rap) aproximam-se no que diz respeito a uma busca constante de renovação e recriação cultural.

As denúncias poéticas encontradas nas manifestações culturais estudadas revelam, nesse sentido, possibilidades enriquecedoras de ressignificação do passado. Portanto, diante da permanência das condições de exclusão e de miserabilidade da população brasileira, sustento a ideia de que não há apenas submissão, mas criação poética como forma de resistência cultural contra o esquecimento (induzido) e a amnésia de todo esse passado repleto de contradições e renovações das culturas populares.

A segunda consideração é que o cordel, os repentes e o hip-hop que chegaram ao Brasil e rapidamente ganharam corpo como símbolo de combate à discriminação e ao preconceito étnico-social dão continuidade a uma história de lutas por formas dignas de pertencimento, revelando-se como uma espécie de contrapartida da diáspora e, ao mesmo tempo, ressignificando o hibridismo já existente. Os estudos sobre o hip-hop parecem avançar nesse sentido, uma vez que, no âmbito das culturas globalizadas, provocam rupturas nas tendências totalizantes destas últimas. Além disso, tais manifestações parecem constituir um modo de inserção social e cultural que põe em movimento preconceitos étnico-sociais ainda não superados pela sociedade brasileira.

A terceira e última consideração diz respeito à visibilidade alcançada pelos jovens que habitam as grandes cidades (como Recife e São Paulo) envolvidos no movimento social hip-hop, conquistando novos espaços e novas formas de expressão na metrópole. Visibilidade que parece propiciar aos integrantes um lugar de pertença que pode fazer emergir neles um campo psíquico que se apresente como forma de (res)significar o passado e atualizar as diferentes modos de inserção social, política e cultural. Ao ressignificarem suas histórias de vida, os jovens alunos foram trazendo elementos transmitidos por seus pais e introduzindo músicas e ritmos de seu gosto, como o samba, o funk, o pagode e o rap. Ao integrar e mesclar todos esses diferentes elementos em suas produções poético-musicais, musicaram seus cordéis e elaboraram poesias livres, brincando com associações livres.

Entendo que o trabalho desenvolvido com os jovens permitiu a construção de um espaço lúdico e criativo de ressignificação de suas histórias e experiências com o preconceito e a humilhação. Em outras palavras, por meio da elaboração de poesias segundo as métricas do cordel e nos ritmos do rap, trabalhou-se a recriação poética de si mesmos. Desse modo, entendo que outra discussão a ser enfrentada envolve não apenas a importância desse debate no âmbito escolar, mas a forma como fazê-lo. É preciso reconhecer que, enquanto o enfrentamento da discriminação solicita políticas públicas que garantam ações afirmativas (medidas compensatórias e de reparação[4]), o preconceito – por enraizar-se no campo subjetivo – requer esforços conjuntos da educação e da psicanálise. Por sua vez, as manifestações culturais juvenis – a despeito do fato de constituírem um campo, na maioria das vezes, marginalizado da

---

[4] Como a Lei de Cotas (PL 73/1999) e a Lei do Estatuto da Igualdade Racial (PL 3.198/2000).

cultura escolar – revelam a escassez de espaços escolares e não escolares dos quais os jovens possam se apropriar e expressar, desenvolver e cultivar diferentes formas de ver seu presente, depreender outros significados de seu passado e imaginar futuros possíveis. Por fim, é importante salientar que foi a partir das culturas juvenis encontradas na escola – em especial, o rap e o hip-hop – que deparei com a necessidade e importância do ensino das histórias e culturas afro-brasileira e indígena. No entanto, como já mencionado, ficou evidente que a cultura popular tradicional, assim como a experiência social – seja dos indígenas, dos afro-brasileiros ou dos nordestinos –, tem sido marginalizada e excluída da ordem hegemônica da cultura escolar, a ponto de os jovens alunos negarem-se, ao menos nesse ambiente, a entrar em contato com tal realidade. Nesse sentido, o estudo da história e cultura afro-indígena brasileira pode ser uma ferramenta para a melhoria do ensino público, desde que se tenha como ponto de partida a realidade de cada comunidade atendida.

Posfácio

As sextilhas ainda estão soando. Métrica, rima, oração. Uma aluna exclama:

– As pessoas dizem que na periferia só tem ladrão.

Alguém retruca:

– Isso rima com discriminação!
– E com escravidão...
– Tem que rimar com cidadão!

As professoras-artistas apenas regiam. O ritmo e a poesia iam saindo. Vinham lá de São José do Egito, do sertão de Pernambuco. Estavam esquecidos. Melhor dizendo: aprisionados, reprimidos. As tarefas duras de seus pais e avós na construção civil, em São Paulo, embruteceram sua memória e apagaram os traços de sua identidade: quem eram, de onde vieram, que projetos tinham.

As professoras-artistas insistiam, com Viñar[1]: "Quem é você, quem somos nós?". Alguém se reconhece e responde: "Sou favelado!". E outra: "Sou fi-

---

[1] Marcelo Viñar, *Mundos adolescentes y vértigo civilizatorio*, cit.

lha de nordestinos, isso sim é o que sou". Thiago de Mello teria entrado nessa cena para declamar: "Peço licença para soletrar, no alfabeto do sol pernambucano, a palavra ti-jo-lo, por exemplo..."[2].
Paulo Freire deveria ter visto e ouvido tudo isso. Teria dito que era o que sempre quis dizer. Que basta mostrar aos alunos uma chama e eles, voltados para a luz, necessitados de luz (um aluno é sempre um *a-lumno*, um ser *ad-luminem*), tomam a palavra, dizem seus nomes, suas palavras e seus mundos. E agora está provado: sabem fazer isso, ademais com ritmo e poesia. A palavra geradora freireana agora é rima geradora.

Maíra Soares Ferreira não chegou à sala de aula com uma solução vinda de fora. Levou sua sensibilidade de artista da palavra. Fez uma intervenção. Demonstrou que há, sim, uma linguagem possível para falar com os jovens da vida pesada da periferia. Essa linguagem é simplesmente... a linguagem deles mesmos. Ou seja, Maíra nos diz o que todos já sabemos: que não é preciso inventar nada de novo, que já temos teorias e explicações mais que suficientes. Na verdade, as temos em excesso, pois, nas últimas décadas, as produções acadêmicas e o mercado editorial não têm feito nada além de reciclar antigas teorias, rebatizando-as com novos nomes, multiplicando a impressão de que, a cada temporada, nos cadastros das bibliotecas e nas prateleiras das livrarias, está a nova edição da solução da escola. Maíra

---

[2] Thiago de Mello, "Canção para os fonemas da alegria", em *Faz escuro, mas eu canto* (Rio de Janeiro, Civilização Brasileira, 1965).

demonstrou que tal solução pode ser mais simples: falar a linguagem dos próprios jovens. Tarefa simples, mas nada fácil. O que nos falta, então, é saber entrar na relação pedagógica e usar adequadamente o suficiente repertório de que já dispomos para que ela produza seus frutos. Isso é o que se pode chamar propriamente de uma *experiência* pedagógica. Penso em Walter Benjamin[3]. Há na relação da professora Maíra com seus alunos algo de uma comunidade de vida e de discurso, uma ação de aprendizagem artesanal, um saber que se pode compartilhar com proveito. É disso que precisamos na escola, e é isso que Maíra nos lega com esta narrativa.

Cabe lembrar, porém, que dentro da palavra "experiência" alguns marcadores de alerta estão presentes. A palavra alemã usada por Benjamin é *Erfahrung*, e sua riqueza semântica guarda duas ideias: uma de que uma experiência é um *percurso*, um *trajeto* percorrido (o verbo em alemão é *fahren*, viajar, percorrer); outra de que todo percurso é *perigoso* (*gefährlich*). Guimarães Rosa, no fim do percurso do grande sertão*, reconheceu o que faz o homem humano: a travessia. Viver não é muito perigoso? Maíra não chegou a conclusão diferente. Em suas considerações finais, reconheceu o que melhor dá nome à sua obra: travessias periféricas brasileiras.

---

[3] Jeanne Marie Gagnebin, "Prefácio: Walter Benjamin ou a história aberta", em Walter Benjamin, *Magia e técnica, arte e política: ensaios sobre literatura e história da cultura* (São Paulo, Brasiliense, 1994).

* *Grande sertão: veredas* (Rio de Janeiro, Nova Fronteira, 2008). (N. E.)

Estamos no centro da compreensão contemporânea crítica de *currículo*: uma complexa experiência formativa que se cumpre como um *percurso* de formação com todos os seus *perigos* psíquicos, políticos e culturais. Maíra deixa a nós, educadores, sua palavra de provocação. Cabe a nós encontrar a rima certa para lhe responder. Como, afinal, realizar educação? Se atentarmos para sua experiência, encontraremos os traços para onde aponta seu percurso: buscar a palavra geradora e, para cada palavra, a rima de origem. Se assim for, as estrofes do cordel não terão mais versos órfãos. Na escola, a aprendizagem poderá ser puro ritmo e poesia.

Alípio Casali

Referências bibliográficas

ABRAMOVAY, Miriam; WAISELFISZ, Julio Jacobo; ANDRADE, Carla; RUA, Maria das Graças. *Gangues, galeras, chegados e rappers*: juventude, violência e cidadania nas cidades da periferia de Brasília. Brasília/Rio de Janeiro, Unesco/Garamond, 1999.
ABREU, Márcia. *Histórias de cordéis e folhetos*. Campinas, Mercado das Letras/Associação de Leitura do Brasil, 1999.
ACADEMIA CARUARUENSE DE LITERATURA DE CORDEL; PREFEITURA DE CARUARU; SECRETARIA DE EDUCAÇÃO. *Projeto Cordel nas escolas*: trabalhando a história de Caruaru. Caruaru, Fafica, 2007.
ALFREDO, Anselmo. Cidade e metrópole, uma identidade contraditória no processo de urbanização contemporânea. In: CARLOS, Ana Fanni Alessandri; LEMOS, Amália Inês Geraiges (orgs.). *Dilemas urbanos*: novas abordagens sobre a cidade. São Paulo, Contexto, 2003.
ALONSO, Angela. Joaquim Nabuco: o crítico penitente. In: SCHWARCZ, Lilia; BOTELHO, André (orgs.). *Um enigma chamado Brasil*: 29 intérpretes e um país. São Paulo, Companhia das Letras, 2009.
AMARAL, Mônica. A atualidade da noção de "regime de atentado" para uma compreensão do funcionamento-limite na adolescência. In: BARONE, Leda Maria Codeço. *A psicanálise e a clínica extensa*: III Encontro Psicanalítico da Teoria dos Campos por Escrito. São Paulo, Casa do Psicólogo, 2005.

AMIZO, Isabella Banducci. *Quando a polca torce o rock*: um estudo sobre identidade cultural na pós-modernidade. Mato Grosso do Sul, 2005. Monografia – Universidade Federal de Campo Grande.

ANDRADE, Mário de. *O turista aprendiz*. São Paulo, Itatiaia, 2002.

ARENDT, Hannah. *Entre o passado e o futuro*. São Paulo, Perspectiva, 1992.

ARRUTI, José Maurício Andion. *Morte e vida do Nordeste indígena*: a emergência étnica como fenômeno histórico regional. 1995. Disponível em <www.cpdoc.fgv.br/revista/arq/165.pdf>.

BAIRRÃO, José Francisco Miguel Henriques. *Adolescência em transe*: afirmação étnica e formas sociais de cognição. São Paulo, 2005. I Simpósio Internacional do Adolescente, Faculdade de Educação, Universidade de São Paulo.

BENTO, Maria Aparecida da Silva. Branqueamento e branquitude no Brasil. In: _____; CARONE, Iray (orgs.). *Psicologia social do racismo*: estudos sobre branquitude e branqueamento no Brasil. Petrópolis, Vozes, 2002.

BÉTHUNE, Christian. *Le rap*: une esthétique hors de la loi. Paris, Autrement, 2003.

BITOUN, Jan. Os embates entre as questões ambientais e sociais no urbano. In: CARLOS, Ana Fanni Alessandri; LEMOS, Amália Inês Geraiges (orgs.). *Dilemas urbanos*: novas abordagens sobre a cidade. São Paulo, Contexto, 2003.

BOSI, Alfredo. Cultura brasileira e culturas brasileiras. In: _____. *Dialética da colonização*. São Paulo, Companhia das Letras, 2001.

BRACCO, Silvia Maia. Exclusão e humilhação social: algumas considerações acerca do trabalho com crianças e adolescentes. In: AMARAL, Monica Teixeira do (org.). *Educação, psicanálise e direito*: combinações possíveis para se pensar a adolescência na atualidade. São Paulo, Casa do Psicólogo, 2006.

BRITO, Mônica Silveira. Iniciativa privada e produção do espaço urbano em São Paulo: 1890-1911. In: CARLOS, Ana Fanni Alessandri; LEMOS, Amália Inês Geraiges (orgs.). *Dilemas urbanos*: novas abordagens sobre a cidade. São Paulo, Contexto, 2003.

CANCLINI, Néstor García. *Culturas híbridas*: estratégias para entrar e sair da modernidade. 4. ed. São Paulo, Edusp, 2003.
CANDIDO, Antonio. Dialética da malandragem. In: _____. *O discurso e a cidade*. São Paulo, Duas cidades, 1993.
_____. Prefácio à edição de 1967. In: HOLANDA, Sérgio Buarque de. *Raízes do Brasil*. São Paulo, Companhia das Letras, 1995.
CANEVACCI, Massimo. *Sincretismos*: uma exploração das hibridações culturais. São Paulo, Studio Nobel/Instituto Cultural Ítalo Brasileiro/Instituto Italiano di Cultura, 1996.
_____. Diversidade nômade e a mutação cultural. In: TRINDADE, Azoilda Loretto da; SANTOS, Rafael dos. *Multiculturalismo*: mil e uma faces da escola. 2. ed. Rio de Janeiro, DP&A, 2000.
CARONE, Iray. Breve histórico de uma pesquisa psicossocial sobre a questão racial brasileira. In: _____; BENTO, Maria Aparecida da Silva (orgs.). *Psicologia social do racismo*: estudos sobre branquitude e branqueamento no Brasil. Petrópolis, Vozes, 2002.
_____. A personalidade autoritária: estudos frankfurtianos sobre o fascismo. *Revista eletrônica Antivalor*. 2006.
CASCUDO, Luís da Câmara. *Literatura oral no Brasil*. São Paulo, Global, 2006.
CASSEANO, Patrícia; DOMENICH, Mirella; ROCHA, Janaina. *Hip-hop*: a periferia grita. São Paulo, Fundação Perseu Abramo, 2001.
CUNHA, Olívia Gomes da. Fazendo a "coisa certa": rastas e pentecostais em Salvador. *Revista Brasileira de Ciências Sociais*, ano 8, n. 23, 1993.
DAVIS, Mike. *Planeta favela*. São Paulo, Boitempo, 2006.
EL-KHATIB, Umaia; BRAGATTO, Silvana Cristine de Oliveira. *Mudando olhares, rompendo preconceitos, construindo novas estratégias de intervenção*: caminhos do Programa de Pesquisa-Extensão em Direitos Humanos/Direitos da Criança e do Adolescente. São Paulo, 2005. I Simpósio Internacional do Adolescente, Faculdade de Educação, Universidade de São Paulo.
ERICEIRA, José Antonnyone do Rosário; SAMINEZ, Josemar Ataide; PRADO, Joerbeth da Silva; MORAES,

Antonio Costa. *Resistência global*: novas perspectivas de ação nos movimentos sociais contemporâneos. Maranhão, 2008. 60ª Reunião Anual da SBPC, Universidade Federal do Maranhão. Disponível em <http: www.sbpc2008.unicamp.br>.

FLORESTAN, Fernandes. *A integração do negro na sociedade de classes*. São Paulo, Ática, 1978. 2. v.

FREIRE, Paulo. 17. ed. *Pedagogia do oprimido*. São Paulo, Paz e Terra, 1987.

FREYRE, Gilberto. *Casa grande & senzala*. Rio de Janeiro, Global, 2006.

GAGNEBIN, Jeanne Marie. Prefácio: Walter Benjamin ou a história aberta. In: BENJAMIN, Walter. *Magia e técnica, arte e política: ensaios sobre literatura e história da cultura*. São Paulo, Brasiliense, 1994.

GONÇALVES FILHO, José Moura. *Passagem para a Vila Joaniza*: uma introdução ao problema da humilhação social. São Paulo, 1995. Dissertação (Mestrado), Instituto de Psicologia, Universidade de São Paulo.

HERBETTA, Alexandre Ferraz. *"A idioma" dos índios Kalankó*: por uma etnografia da música no alto sertão alagoano. Santa Catarina, 2006. Dissertação (Mestrado em Antropologia Social), Universidade Federal de Santa Catarina.

_____. *Peles braiadas*: modos de ser Kalankó. São Paulo, 2011. Tese (Doutorado), Departamento de Ciências Sociais, Pontifícia Universidade Católica de São Paulo.

HERSCHMANN, Micael. *O funk e o hip-hop invadem a cena*. Rio de Janeiro, Editora UFRJ, 2005.

HOLANDA, Sérgio Buarque de. *Raízes do Brasil*. São Paulo, Companhia das Letras, 1995.

HOUAISS, Antonio (org.). *Dicionário Houaiss da língua portuguesa*. Rio de Janeiro, Objetiva, 2001.

JEAMMET, Philippe. Adolescência. In: AMARAL, Monica Teixeira do (org.). *Educação, psicanálise e direito*: combinações possíveis para se pensar a adolescência na atualidade. São Paulo, Casa do Psicólogo, 2006.

_____; CORCOS, Maurice. *Novas problemáticas da adolescência*: evolução e manejo da dependência. São Paulo, Casa do Psicólogo, 2005.

KEHL, Maria Rita. *A fratria órfã*. São Paulo, Olho D'água, 2008.
LAPLANCHE, Jean; PONTALIS, Jean-Bertrand. *Vocabulário de psicanálise*. São Paulo, Martins Fontes, 2000.
LE GOFF, Jacques. *As raízes medievais da Europa*. Petrópolis, Vozes, 2007.
LENCIONI, Sandra. Uma nova determinação do urbano: o desenvolvimento do processo de metropolização do espaço. In: CARLOS, Ana Fanni Alessandri; LEMOS, Amália Inês Geraiges (orgs.). *Dilemas urbanos*: novas abordagens sobre a cidade. São Paulo, Contexto, 2003.
MELLO, Thiago de. Canção para os fonemas da alegria. In: _____. *Faz escuro, mas eu canto*. Rio de Janeiro, Civilização Brasileira, 1965.
MUNANGA, Kabengele. *Rediscutindo a mestiçagem no Brasil*: identidade nacional *versus* identidade negra. Petrópolis, Vozes, 1999.
_____. Prefácio. In: CARONE, Iray; BENTO, Maria Aparecida da Silva (orgs.). *Psicologia social do racismo*: estudos sobre branquitude e branqueamento no Brasil. Petrópolis, Vozes, 2002.
NABUCO, Joaquim. *O abolicionismo*. Petrópolis, Vozes, 1988.
NOVAES, Regina. Os jovens de hoje: contextos, diferenças e trajetórias. In: ALMEIDA, Maria Isabel; EUGÊNIO, Fernanda (orgs.). *Culturas jovens*: novos mapas do afeto. Rio de Janeiro, Jorge Zahar, 2006.
OLIVEIRA, Ariovaldo Umbelino de. A inserção do Brasil no capitalismo monopolista mundial. In: ROSS, Jurandyr Luciano Sanches. *Geografia do Brasil*. São Paulo, Edusp, 2005.
ORTIZ, Renato. *A moderna tradição brasileira*: cultura brasileira e indústria cultural. São Paulo, Brasiliense, 2006.
PAIS, José Machado. *Culturas juvenis*. 2. ed. Lisboa, INCM, 2003.
_____. Prefácio. In: ALMEIDA, Maria Isabel; EUGÊNIO, Fernanda (orgs.). *Culturas jovens*: novos mapas do afeto. Rio de Janeiro, Jorge Zahar, 2006.
PIZA, Edith. Porta de vidro: entrada para a branquitude. In: CARONE, Iray; BENTO, Maria Aparecida da Silva (orgs.).

Psicologia social do racismo: estudos sobre branquitude e branqueamento no Brasil. Petrópolis, Vozes, 2002.

ROSE, Tricia. Um estilo que não segura: política, estilo e a cidade pós-industrial no hip-hop. In: HERSCHMANN, Micael (org.). *Abalando os anos 90*: funk e hip-hop – globalização, violência e estilo cultural. Rio de Janeiro, Rocco, 1997.

RUSELL-WOOD, Anthony John R. Através de um prisma africano: uma nova abordagem ao estudo da diáspora africana no Brasil colonial. *Revista Tempo*. Rio de Janeiro, Departamento de História da UFF, n. 12, dez. 2001. p. 11-50.

SANÉ, Pierre. *Reivindicações articuladas (e contestadas) de reparação dos crimes da história, a propósito da escravidão e do colonialismo*. Unesco, Conferência de Durbani.

SANTOS, Milton. *Por uma outra globalização*: do pensamento único à consciência universal. Rio de Janeiro, Record, 2003.

SCARLATO, Francisco Capuano. O espaço industrial brasileiro. In: ROSS, Jurandyr Luciano Sanches. *Geografia do Brasil*. São Paulo, Edusp, 2005a.

_____. População e urbanização brasileira. In: ROSS, Jurandyr Luciano Sanches. *Geografia do Brasil*. São Paulo, Edusp, 2005b.

SCHILLING, Flávia. *As formas da contestação juvenil, ontem e hoje*: quem, como? Três hipóteses para uma pesquisa. São Paulo, 2005. I Simpósio Internacional do Adolescente, Faculdade de Educação, Universidade de São Paulo. Disponível em <www.proceedings.scielo.br/scielo>.

SCHWARCZ, Lilia Moritz. *O espetáculo das raças*: cientistas, instituições e questão racial no Brasil – 1870-1930. São Paulo, Companhia das Letras, 1993.

_____. *Racismo no Brasil*. São Paulo, Publifolha, 2001.

SEGATO, Rita Laura. Racismo, discriminación y acciones afirmativas: herramientas conceptuales. *Revista Série Antropologia*. Brasília, n. 404, 2006. Disponível em <www.unb.br/ics/dan>.

SILVA, José Carlos Gomes da. Juventude e segregação urbana na cidade de São Paulo: os números da vulnerabilidade juvenil e a percepção musical dos rappers. *Ponto* urbe: revista do Núcleo de Antropologia Urbana da USP, ano 1, versão 1.0, jul. 2007.

SKIDMORE, Thomas. Preto no branco: raça e nacionalidade no pensamento brasileiro. Rio de Janeiro, Paz e Terra, 1976.

SOARES, Luiz Eduardo. Cabeça de porco. São Paulo, Objetiva, 2005.

SOLER, Luís. As raízes árabes na tradição poético-musical do sertão nordestino. Recife, Ed. Universitária, 1978.

SOUZA, Maria Cecilia Cortez Christiano de. Prefácio. In: AMARAL, Monica Teixeira do (org.). Educação, psicanálise e direito: combinações possíveis para se pensar a adolescência na atualidade. São Paulo, Casa do Psicólogo, 2006.

_____. A dignidade da palavra e a escola. In: LAUAND, Jean (org.). Filosofia e educação: estudos 6. São Paulo, Factash/CEMOrOc, 2008. p. 87-98.

SUASSUNA, Ariano. Apresentação. In: SOLER, Luís. As raízes árabes na tradição poético-musical do sertão nordestino. Recife, Ed. Universitária, 1978.

TELLA, Marco Aurélio Paz. Atitude, arte, cultura e autoconhecimento: o rap como a voz da periferia. São Paulo, 2000. Dissertação (Mestrado), Pontifícia Universidade Católica de São Paulo.

VARGAS, Herom. Hibridismos musicais de Chico Science & Nação Zumbi. Cotia, Ateliê, 2007.

VELHO, Gilberto. Epílogo. In: ALMEIDA, Maria Isabel; EUGÊNIO, Fernanda (orgs.). Culturas jovens: novos mapas do afeto. Rio de Janeiro, Jorge Zahar, 2006.

VILELA, Aloísio. O coco de Alagoas: origens, evolução, dança e modalidades. 2. ed. Maceió, Museu Théo Brandão/ Ufal, 1980.

VIÑAR, Marcelo. Mundos adolescentes y vértigo civilizatorio. Montevidéu, Trilce, 2009.

WISSENBACH, Maria Cristina Cortez. Da escravidão à liberdade: dimensões de uma privacidade possível. In: SEVCENKO, Nicolau (org.). História da vida privada no Brasil. São Paulo, Companhia da Letras, 1998. v. 3: República: da Belle Époque à era do rádio.

Este livro foi composto em Chaparral, corpo 12/14,5, e impresso em papel Pólen Soft 80 g/m² na Corprint Gráfica e Editora, para a Boitempo Editorial, em março de 2012, com tiragem de 2.000 exemplares.